孫權與曹操在江淮地區相對對峙
曹操與劉備各有打算
三雄之爭進入白熱化階段

鴻文館文化工作室　策劃
黃景強　監製

三國傳真

曹劉孫三強鼎立與對峙

第三冊

陳萬雄　編著

李鈞杰　劉集民　編著助理

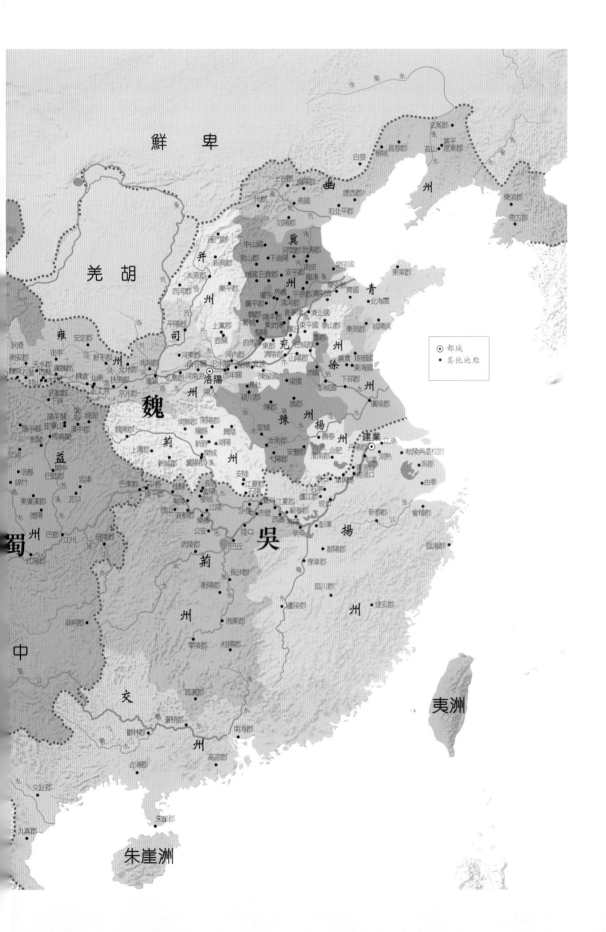

總序
亂世華章：百年三國

〈一〉何以「三國」

距今接近 2000 年前的「三國時代」，是最為人熟悉的一段中國歷史。其中的不少人物和事件，都耳熟能詳。在悠久的中國歷史長河中，不到百年時間的三國時代，不過一瞬間而已。三國時代，政局動盪，社會紛亂，民不聊生，是名副其實的「亂世」。但是，這不到百年時間的「三國」，波譎雲詭的政局，驚濤駭浪的戰爭，豐富多彩的文化，輩出的英雄俊彥，驚心動魄的逞強鬥智，儀態萬千的人物行狀，是歷史上所罕見的。

一說「三國」，一般人容易混淆了「三國歷史」、《三國志》和《三國演義》三者的關係。「三國歷史」，是中國歷史上的一個時期；《三國志》，是一部史學名著；《三國演義》，是一部文學作品。

不足百年的三國歷史，竟讓大眾有莫大的興趣，喜聽樂聞，除了歷史自身的波瀾壯闊外，應歸功於陳壽的《三國志》與羅貫中的《三國演義》。《三國志》與《三國演義》二書雖然性質不同，在傳播三國歷史方面卻同樣起了很大的作用。前者是一部歷史著作，屬著名的史學經典「四史」之一。後者是一部歷史小說，屬古典文學的著作，乃中國著名「四大小說」之一。陳壽的《三國志》，部頭雖然不大，卻精簡可讀，被譽為良史。正如近代著名學者白壽彝先生評論的，陳壽對於三國歷史，有一個總攬全局的看法。軍事、政治及人世三層架構並重，氣宇宏大，引人入勝。加上為《三國志》作註釋、文字等量的「裴松之註」，在史料的增補、

（註 1） 「三國時代」是指東漢末年到西晉間的一個歷史時期。由於理解上的不同，對「三國時代」年份的起始，有不同看法。

辨證、存異、評議等方面，為《三國志》作出了卓越的貢獻。同時，裴松之的註釋，為後世的研讀者，增添了對三國歷史可辯可議、可考實可附麗的空間。

　　至於作為歷史小說的《三國演義》，也正如清代著名史學家趙翼所指出的，它是在《三國志》和裴松之註釋的基礎上，以七分的歷史真實，以三分的虛構誇飾敷衍而成的。三國的故事，先以「説書」等形式在坊間流傳，最後演變而成羅貫中撰寫的《三國演義》，其源有自，這裏就不細説了。受流行了幾百年的《三國演義》的影響，以至社會上的大多數人，自覺與不自覺，會將三國歷史與小說演義混同起來。

　　歷史上，在中國、日本和韓國，同樣出現過一些飽學之士，應科舉的學子，竟以《三國演義》的故事去附會三國真實歷史的情況。能犖然知道兩者之間的異同差別，分別看待，只能是一些歷史專家。由此可見《三國演義》與《三國志》兩者之間的密切程度，也反映了《三國演義》對社會大眾認識三國歷史，影響的深遠。鑒於情況普遍，近年中、日、韓關於三國的新著作，常常要對涉及《三國演義》容易混淆的情節，予以澄清和説明。

〈二〉千年的「文化現象」

　　中國的歷史與典籍，論傳播之久遠，流通之廣泛，讀者之眾多，時代生命力的煥發不斷，三國歷史和三國故事，相信是無出其右者。

　　「文化現象」，是指社會上一時浮現的文娛熱點。三國歷史和《三國演義》廣泛地流行了近 1500 年，至今不衰，駸駸然一直是社會的文娛熱點，是名副其實的千年「文化現象」。中外都有流傳千年甚至是幾千年的經典，「流傳」與「流行」是不同的。

　　「三國」之流行：形式豐富，見於各類圖書、舞台歌劇、影視網絡、動漫遊戲等，應有盡有；內容層次很多元，遍及學術著述、文化知識、通俗讀物、童書漫畫，適合不同程度的讀者。「三國」和《三國演義》的風行，不拘限於中國人和華人的地區，也風行於歷史上曾深受中國文化影響的韓、日等國。日、韓兩國關於三國的著作和各種媒體的出品，歷久不衰，甚至不亞於中國。因而，中、日、韓關於「三國」的各類文化娛樂產品的創作，源源不絕，蔚然成為「東亞三國」豐富多彩、令人目不暇接的「文化產業」。

〈三〉 「三國」的魅力

由「三國時代」、《三國志》和《三國演義》三位一體的組合，所以能打造出流行千年的「文化現象」，歷久常新，感動不同時代的人們，最大的魅力是三國是歷史的，同時也是現世的。閱讀和認識三國，固然是閱讀和認識這一段歷史；同時，從中可用作觀照當今的世態與人情。距今接近 2000 年前的「三國」，透過《三國志》和《三國演義》的演繹，讓我們不同程度地洞悉了幾許世變的軌跡，人情世故的意蘊；體會到宇宙人間，隱然有不變的道理存乎其間。這就是歷史的魅力，也是三國時代和《三國演義》最引人入勝的地方。

歷來中外之讀習三國，常視為政治、軍事權謀韜略的最佳教本。滿人入關前，已將《三國演義》翻譯成滿文，供軍中武將廣泛閱讀。創建日本德川幕府的德川家康，留贈給他兒子的書籍中，就有《三國志傳通俗演義》。同時幕府中樞紐人物，都熟讀此書。二十世紀末出現的「管理社會」，「三國」和《三國演義》應運而生，一時成了政、管的教科書。其實，「三國」之可古為今用，價值遠遠超越軍、政、管的範圍；真實的三國歷史所蘊藏可透視古今的價值，也遠過於作為歷史小說的《三國演義》。

儘管《三國志》、《三國演義》與「三國時代」性質不同，但是貫通三者的共通地方，是透視出超越時空的人情和世態的特點。認識人情和世態，是人類文化的永恆課題。「三國」是宏大而充滿魅力的人世間舞台劇，如果我們能更多從人生價值和認清世態的角度，去解讀三國，足可以豐富我們對人世的認識，提升我們的智慧，增益我們的人生閱歷，甚至啟發我們人生價值的取捨。

〈四〉 何以「傳真」

「三國」是一個以戰爭為榮辱、決生死的年代。所以近 100 年的局勢的發展，如「官渡之戰」、「赤壁之戰」、「漢中之戰」等等，都與戰爭息息相關。甚至一場戰爭的結果，就足以成為扭轉局面的轉捩點。所以說主導三國百年局勢的發展，是戰爭！根據方北辰先生的研究，「整個三國時期的 90 年間，……參戰雙方出動兵力總計在五萬人左右的大型戰役，以及明顯在五萬人以上的特大型戰役，就有九十二次之多，真可謂年年有大戰，歲歲有烽煙，至於中小型

戰鬥,多得更難以計數。」（方北辰《精彩三國》）

因此,在三國時期這樣的戰爭年代,爭雄競霸,逞謀鬥勇,是時代的主調。也就造成如近代作家孫犁所說,以三國為「謀士以其為智囊,將帥視之為戰策」特點。本書的編撰,亦以戰役為演繹全書的主要脈絡。這樣的編排,並非因循,而是遵遁三國時期的歷史性質。三國時期是一個戰爭的年代,戰爭是其歷史的特徵,但戰爭卻非三國歷史的全部。三國這段歷史,在中國歷史的發展長河中,其歷史意義,遠過於此;歷史的作用,遠大於此,可惜常為人們所忽略。

首先,三國時代雖然不足百年,卻是中國歷史發展上的一大轉型期,其大轉變遍及政治經濟、文化思想、科技藝術等多方面。近年中外學者,甚至認為三國時期,是開中國日後歷史發展趨向統一新形態的源頭。此書的內容結構,以戰爭為脈絡外,我們嘗試以不同的形式,適當地展現三國時期多元的歷史意義。

其次,三國中出現的各式人物,是一本「人物誌」,呈現出千古以來的「人世間」的眾生相。上智下愚,賢與不肖,幾應有盡有。「鑒古知今」,豈限於歷史事件而已。「人世間」的百態千貌,何不然耶?!《紅樓夢》的作者曹雪芹說過,「世事洞明皆學問,人情練達即文章」,《紅樓夢》所以令人百讀不厭的魅力在此;三國之所動人,也在於此。

再是,時代的變遷,歷史的腳印,日益湮沒,留下的痕跡,日漸模糊,環境不復舊觀。我們認識歷史,主要是通過文字的記載和描述,加點想像。感覺歷史、感受歷史、體驗歷史,對深切認識和瞭解歷史,是很重要的。傳世和出土文物、遺址勝跡、歷史事件發生的山川環境,都是後世人,認識和瞭解歷史的重要途徑。雖謂「滄海桑田」,相對於其他的歷史年代,「三國時期」在這方面是幸運的,尤其遺址勝跡、山川形勝,不少仍「百戰山河在」。無疑這是得益於「三國」故事及早並普遍在社會大眾傳播的福蔭,以致後代有關「三國」的實跡實景,口耳相傳的傳說是較多的。本叢書所以稱之「傳真」者,是盡量搜集文物、遺址古跡、山川形勝的圖像,並繪製各式地圖、復原圖等,以期還原三國的歷史現場,增加實感,讓讀者更有興趣、更好認識和瞭解「三國歷史」。

目錄

掃瞄 QRcode 觀看戰事短片及多媒體材料，感受真實三國！

荊州城城樓

第一章

三強鼎立

爭奪荊州

公元 208 年的「赤壁之戰」，正如八年前的「官渡之戰」，是屬於扭轉「群雄」競爭乾坤的重要戰役。官渡之戰後，曹操取代了袁紹，雄踞北方，成為割據群雄中，勢力最大的霸主，也一躍而成為最有能力統一全國的力量。赤壁之戰，卻遏制了曹操要迅速統一全國的企圖，雖然曹操仍保持實力上的優勢，經「赤壁之戰」，曹操、孫權和劉備三家鼎立的新局面由此而形成。

從三家到三國鼎立的演變，無疑有礙中國重新統一的進程，也多少造成了「魏晉南北朝」幾百年的分裂歷史。但不能簡單地說，「赤壁之戰」造成了以後幾百年的分裂。赤壁之戰中，曹操所以失敗，孫劉所以戰勝，有其歷史的理由。不僅赤壁之戰，其後曹氏三代對江南的用兵，也屢屢受挫。可見在漢末三國時期，所以形成了鼎立局面，不如人願，再造統一，有其客觀和主觀的因素。

具備與北方抗衡條件

最重要的客觀因素，是中國歷史發展的形勢，漸漸呈現了大變局。以長江為重心的南方，到了東漢末年，已然打破中國全境一直以來北重南輕的發展格局。分裂的造成，或者說分裂所以可能，不能簡單歸咎於一、二場戰爭的結果，而是因為南方的物質基礎與人才的積聚，漸已具備可與北方抗衡的條件。漢末三國時期，正正處於這種大變局的臨界點，南北對峙形成新變局。經中國幾千年歷史發展，已從以黃河中原為中心的格局，變成以黃河與長江兩個中心、南北力量逐漸對稱的格局。[註1]中國歷史已踏入一個「大蛻變時期」。

用更廣闊的角度去理解赤壁之戰，再進而理解曹魏不能完成統一，也有其主觀的因素。回看西漢末年，同是全國分崩離析，群雄對峙的形勢下，劉秀最後剿滅大部分群雄，建立了東漢王朝。然而，在東漢王朝建立後的相當長時日，仍然存在地方割據反抗新建立的東漢政權，天下尚未完全統一。劉秀終能平定割據，迎來東漢統一的局面，開出幾代的盛世，與漢光武帝和諸功臣的建國理想與着眼於推行長治久安的政策，大有關係。相比之下，魏晉後，中國終陷於魏晉南北朝幾百年分裂的局面，更多應歸咎於曹魏和司馬晉兩代政權開國格局的不夠宏偉和光明。[註2]

（註1）許倬雲《歷史分光鏡》
（註2）錢穆分析了魏晉之所以不能為日後中國的歷史，開啟出全新的統一大格局，因「不幸魏、晉政權亦只代表了一時的黑暗與自私」，沒有光明的建國理想。連五胡之一的君主石勒，也認為「曹孟德、司馬仲達以狐媚取人天下於孤兒寡婦之手，大丈夫不為」。

統一全國
為最終目標

　　赤壁之戰後的 10 年間，曹操、孫權和劉備三家，一方面，不敢稍懈，相互保持着高度的對抗狀態；另一方面，又各自四出征討，以期充實自己的實力和擴充自己的地盤。曹、劉、孫三家雖然形成鼎立的局面，形勢不同，強弱有異；但是三家同樣抱着要憑己力統一全國的最終目標。孫、劉兩家，較之於曹氏，雖然勢力遠有所不如，始終「無守國自保」的意圖，仍奮力爭勝，以圖一統天下。所以我們討論三國歷史，不能以誰統一了去作歷史褒貶，或以此去評論三家的是非。甚至連外國的學者，都認為漢末三國時期，是促成和助長中國大統一思想的形成的時期。[註3] 因三家同抱統一全國的目標，所以曹、劉、孫由三強到三國的鼎立，始終處於一種互為攻防的激烈戰爭局面。

　　赤壁之戰後的荊州，仍然是曹、劉、孫三家軍事對抗最激烈的焦點。荊州轄下，有三個戰略重鎮：作為南北抗衡的重鎮，是襄陽；控制兩湖（今湖南、湖北，即古楚地，位居長江的中游）形勢的重鎮，是江陵；確保長江中下游安全的重鎮，是夏口。

奪夏口
保東吳安全

　　赤壁之戰大敗，曹操率領敗兵，經華容（今湖北監利縣）向江陵撤退。劉備、周瑜各自率軍，水陸並進，一路追趕，直到南郡。周瑜率軍攻打堅守在南郡郡治江陵的曹仁，另遣甘寧取夷陵（今湖北宜昌東）。周瑜軍與守江陵的曹仁軍，雙方互為攻守，大戰連場。兩軍足足僵持了一年，曹仁終於放棄了江陵，北撤扼守襄陽和樊城，周瑜也因攻打江陵而受了傷。所以襄、樊兩城自此就成了曹魏對抗孫、劉的前沿軍事重鎮。

（註3）　金文京著，何曉毅、梁蕾譯《三國志的世界：後漢三國時代》；丸橋充拓《江南の發展：南宋まで》

孫權取得了江陵及其以東的地區後，任周瑜為南郡太守，程普為江夏太守、呂範為彭澤太守、呂蒙為潯陽令分掌沿江的軍事。這樣的任命，可見孫吳要牢牢控制住長江的中、下游，令長江中、下游連成一線，建成北防曹魏與西抗劉蜀的長江戰線佈局。孫權委任作為主帥的周瑜和程普，分別執掌南郡和江夏，尤具戰略意義。夏口「扼束江漢（漢水入長江口），襟帶吳楚，北有大別山，南有幕阜山」，軍事形勢重要。三世紀以後，在長江的南、北、東、西的軍事對抗中，夏口的戰略地位很突出。

208 年赤壁戰的前夕，曹軍順長江東下，孫、劉聯軍的總部就設在夏口。在此之前，夏口一直是劉表阻擋孫堅西上的前線要塞。孫堅死於黃祖的狙擊，孫策和孫權主持孫吳，也一直堅持父親孫堅征伐夏口的企圖，前仆後繼，攻擊扼守夏口的劉表部將黃祖。這樣鍥而不捨的軍事行動，不僅在為報父仇，更重要是要為孫吳西向長江的中游，攫取進守的生命線。只有奪取了夏口，孫吳才能束保江東的安全；才能西向挺進巴蜀；才能往南打通交廣（交州和兩廣）。

赤壁戰後，孫吳的軍事重心，顯然已由長江下游的揚州地區，轉移到長江中游的荊楚地區，達成了父兄孫堅和孫策的生前願望；也初步實現了孫權所制定的「荊不離揚，揚不離荊」、「居吳則重荊襄」的發展大戰略。

劉備命諸葛亮為中郎將

劉備方面，赤壁之戰後，循例上表，實則是由他推舉劉琦為荊州刺史，再分兵征降了荊州南部的武陵（郡治在今湖南常德）、長沙（郡治在今湖南長沙）、桂陽（郡治在今湖南郴州）和零陵（郡治在今湖南零陵）四郡，並收編了在廬江（今安徽潛山）的曹操叛將雷緒，一時聲勢和軍力大增。劉備委任諸葛亮為軍師中郎將，督理長沙、桂陽和零陵三郡。劉備以「初出茅廬」、年輕的諸葛亮為軍師中郎將，總督新得三郡，一方面可見劉備對諸葛亮的重用，另一方面，也反映了劉備用人，由以往只懂得使用武將，開始重視由謀略之臣去掌管軍事的思想轉變。

稱雄鬥霸的戰爭時代，也不能全依賴武將，更需要使用謀略之臣。三國時期，最懂得、最早起用謀略之士的是曹操，其後是孫策和孫權，最後劉備才明

白這種道理。東漢末年，能成為最後競爭者的曹、劉、孫，善用謀略之臣，是他們成功的重要的因素。這種道理，其實不限於古代的戰爭年代，在現今的政治環境與企業管理亦然。單靠專業人士，不一定能成事的。必須重用視野廣闊、才能多樣、謀略深遠的人，才能成就大事！初出茅廬只 28 歲的諸葛亮，也不負劉備所託，將新收的荊州南三郡，治理得井井有條。劉備一批老部下，對這位年輕的軍師也漸漸信服了。

不久，劉琦病死，劉備稱荊州牧，以關羽為襄陽太守，張飛為宜都太守。這種安排，也是一種向北和向西發展的軍事佈局。赤壁戰後，劉備方面在荊楚之地，獲得了不少地盤。另外，日後成為了蜀漢文武重要人物的龐統、黃忠和魏延都是這個時候歸順劉備的，荊楚人才也成了開拓、成就蜀漢政權的重要骨幹。

「借荊州」
成局面關鍵

劉、孫在赤壁之戰中，雖然結成盟軍，合力抗曹，並取得成功。但在戰後，兩家各有利害打算。對於劉備實際上佔據了荊州的大部分地方，孫權方面顯然是不安心的，甚至「稍畏之」。所以在 209 年，除了同意劉備稱荊州牧，又「進妹固好」，即以 20 歲的親妹，嫁給已近 50 歲的劉備。劉備方面，雖然佔有荊州的大部分土地，但是所佔的地方，卻侷促於荊州的南面，不是靠近長江流域的荊州核心地區，不利於貫徹諸葛亮「隆中對」所制定的北上和西進兩路發展的戰略。故此，劉備藉詞共同抵抗強敵曹操，向孫權商借靠近長江的南郡。

「借荊州」，是孫吳和劉蜀日後失和反目的導火線，也是反轉了三國局面的關鍵。對於「借荊州」的原委和是非，孫、劉雙方以至後代的研究者，各有評論，各執說詞。但有一點是可以澄清的，劉備自孫權商借的「荊州」，只是荊州南郡的江陵，其他荊州境內的地方，是劉備憑自力取來的，何況荊州本就不屬孫吳，名義上應屬劉琦。日後孫吳在爭執中的說詞，說借的是整個荊州，可能基於自認為劉備是因為孫吳的援助，才能立足荊州。

周瑜主戰
魯肅主和

　　劉備在荊州勢力的擴張，並提出要商借南郡，眼下就給孫權陣營帶來一個要考慮的現實問題：日後孫、劉兩家的關係該如何？應如何相處？對於這個問題，孫權陣營的意見分成兩派：一是以周瑜為代表，主張及早吞滅劉氏；另一派以魯肅為代表，主張結好劉氏。周瑜知道了劉備提出要商借南郡，馬上上書孫權，說「劉備以梟雄之姿，而有關羽、張飛熊虎之將，必非久屈為人用者」。他的觀點，着眼於孫、劉之間，終會成為競爭對手，甚至起衝突，不如及早解決，免貽後患。

　　魯肅則認為：「曹公威力實重，初臨荊州，恩信未洽，宜以借備，使撫安之。多操之敵，而自為樹黨，計之上也。」魯肅則認為當前曹操勢大力雄，大敵當前，非孫、劉聯手，是抵抗不了的。他也考慮到相當長的日子，曹操仍非孫吳單方所能抗衡的。周瑜與魯肅，同樣忠心耿耿於孫吳，都懷抱以孫吳一家統一天下的目標；兩人持論的不同，只是對當前曹、孫、劉三者間的關係，應採取何種策略的分歧而已。

周瑜路上
病重而死

　　初時的孫權，依違於周瑜和魯肅兩派意見之間，把持不定。對於當前的局面，周瑜態度更進取，進而更向孫權建議，要出兵巴蜀，吞併漢中張魯，然後固守，再交結盤踞西涼的馬超。最後由襄陽出兵，向北攻伐曹操。

　　孫權接納了周瑜這個建議並訴諸行動。建安十五年（210年），周瑜要返回江陵，部署攻取益州，可是路上病重，死於巴丘（今湖南岳陽市），時年只得36歲。周瑜臨終時仍耿耿於懷地說：「方今曹公在北，疆場未靜，劉備寄寓，有似養虎，天下之事，未知終始。」周瑜病逝前推薦魯肅接替其職位。孫權便以魯肅接替周瑜統軍，駐屯於陸口（今湖北嘉魚縣西南）；也同意了魯肅為加強孫、劉同盟，「共拒曹操」的建議，借出南郡長江北的江陵予劉備。劉備便由屯駐於長江之南的公安（今油江口）遷到江陵。這就是人們口中常說「劉備

借荊州」的原委。

　　事實上，所謂劉備借的「荊州」，只是南郡在江北的江陵，非整個荊州。赤壁戰後，曹、孫、劉三家瓜分荊州，以劉備所佔地盤最大。至於周瑜的疏劉，魯肅的結劉，兩者的分歧，只是對形勢判斷的不同，最終目標在得天下，是一致的，這也可以理解周瑜死前，所以會推薦魯肅接替他總督軍事之任的理由。

　　從三家實力對比，曹操仍舊大佔上風，所以一直主張孫劉聯盟的諸葛亮和魯肅，是較具有遠大而又現實的政治眼光；周瑜和其後的呂蒙，多從軍事形勢和軍事冒險的角度去考慮。三國時期最具政治眼光和謀略的曹操，聽報孫權借出江陵予劉備，竟失驚把正在寫字的筆掉在地上。由此也反映了孫、劉的結盟，對曹操有多不利。曹操一生在軍事和政治上，最擅長於分化然後再逐一擊破的策略，不急於一時的得失，當然明白孫、劉結盟的利害。

　　東漢後期的荊州，分轄南陽、南郡、江夏、武陵、長沙、桂陽及零陵七個郡。赤壁戰後，曹操仍控制着南陽郡和南郡的北部，新設立襄陽郡。孫權佔領的是江夏郡。所以赤壁戰後的荊州，成為三家分據的局面，也成為三國時期三方對峙的聚焦點。

南襄隘道與曹、孫、劉三家之爭

曹、劉、孫三家成鼎立之勢後，相互之間的對抗焦點，始終離不開襄陽城和荊州城，兩城恰處於「南襄隘道」的南北。南襄隘道是指南陽盆地上的南北通道，也是歷史上重要的軍事要道。了解這條通道，是認識三國歷史甚至是中國歷史的鑰匙。

南襄隘道北面緊接商山至武關道，可通關中，又與黃淮平原相通。自古中原的洛（洛陽）汴（開封）與南方的交通，靠的就是這條南襄隘道。南陽盆地上多條河流，匯入了唐河和白河，再在襄樊的東北，流入漢江，也是中國中西部地區通往南部的最重要通道。

荊州和襄樊兩城，分處漢江的南北，緊扼關道。荊州又是漢江和長江的重要津渡口。所以三國時期，曹操南下征劉表，降襄樊，取荊州；關羽由荊州，北上襄樊，水淹曹操七軍，「威震中原」，威脅許、洛，皆取道於南襄隘道。

由荊州往南，渡過長江，可以沿澧（今湖南澧縣）、鼎（今湖南常德）、辰（今湖南沅陵）及沅（今湖南芷江）四水南下，直抵兩廣；另可東出湖湘，西達黔、滇。所以荊州形勢，又是大江南北和西南嶺南的通道。（參考李孝聰《中國區域歷史地理》）

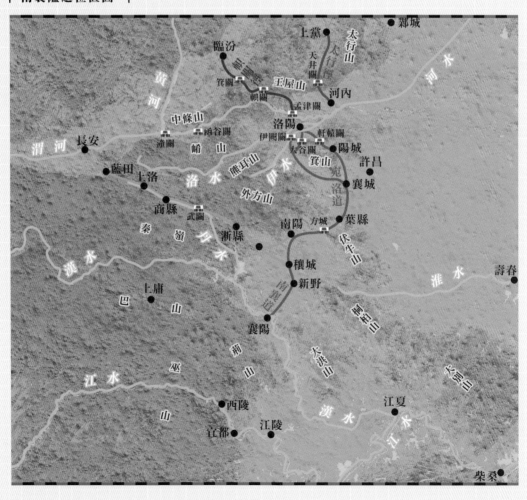

劉備過江娶親

在《三國演義》的第五十四和第五十五回，寫劉備過京口，在甘露寺娶親的故事，膾炙人口。這故事成為日後傳統戲曲的著名劇目，廣泛流傳。也有了孫權這位親妹子「孫尚香」的名字和倔強多情的形象。正史方面對劉備與孫權親妹的聯婚，雖有多處的記載，都語焉不詳，也未留下孫權親妹的名字。至於其他各種雜記和地方的傳說，真真假假的，流傳可不少。

赤壁戰後，劉備稱左將軍領荊州牧，「權稍畏之，進妹固好」，顯然是一種政治婚姻。三國時期，流行政治婚姻，其中又以曹操最擅長操作政治婚姻。曹操與孫權家族之間，也有幾段政治婚姻。所以孫權以親妹固好劉備，並不稀奇。奇的是孫權自己是 29 歲，劉備已年近 50 歲，其妹約 20 歲，年齡未免相差太大。

《三國演義》演繹這段聯婚，孫權是「賠了夫人又折兵」，雖然添油加醋，但不算子虛烏有。歷史記載，次年 210 年「備詣京（京口）見權」。周瑜上疏說，「劉備以梟雄之姿，而有關羽、張飛熊虎之將，必非久屈為人用者。愚謂大計宜徙備置吳，盛為築宮室，多其美女玩好，以娛其耳目」。（《三國志·吳書九·周瑜傳》）。周瑜確有設美人計，以困囚劉備的事。不僅周瑜，孫吳另一重臣呂範亦勸過孫權拘留劉備。之前仕於孫吳，後投奔劉備的龐統，事後向劉備證實，孫權確有拘禁他的意圖。

劉備雖然娶了孫權親妹為夫人，但兩人關係，並不是《三國演義》所描寫的相愛，而是「相疑」，不大融洽。是否由於兩人年紀相差太大？或孫權親妹原本就不滿意這段政治婚姻？或是孫夫人的性格太剛強？只能忖測，可

置之不論。但是孫夫人性格很剛強是肯定的，史載「妹才捷剛猛，有諸兄之風。侍婢百餘人，皆親執刀侍立。先主每入，衷心常凛凛」。（《三國志·蜀書七·法正傳》）。又載，「妹驕豪，多將吳吏兵，縱橫不法」。（《三國志·蜀書六·趙雲傳》）以致諸葛亮說劉備「近則懼孫夫人生變於肘腋之下」（《三國志·蜀書七·法正傳》）。為此，諸葛亮要安排趙雲去監管，以正綱紀。由此也可見趙雲的嚴正不阿。至於劉備西入川，孫權迎妹返吳，趙雲和張飛「攔江截阿斗」等都是事實。其他只是雜記、傳說和附會，難以證實。

相傳孫夫人嫁了劉備，另築城別居於距劉備駐紮的油江口五、六里的地方，後人稱為此處「孫夫人城」。劉孫聯婚是政治婚姻，結局即使不是悲劇，最少也是不愉快的。戲曲及民間留下的各種傳說，包括與孫夫人有關的繡林鎮、劉郎浦、祭江亭等的遺跡，只能姑妄聽之。

· 甘露寺

甘露寺位於京口（今江蘇鎮江）北固山的中峰，是三國之後才修建的。孫太夫人在劉孫聯婚時，早已過世。孫夫人是 209 年由鎮江坐船到油江成婚的，劉備到京口是婚後第二年的 210 年。

・多景樓

多景樓是一座飛簷雙層樓閣，相傳吳國太是在這裏相親，有傳這位國太其實是已逝國太夫人的妹妹。孫夫人又是在這裏在梳妝出嫁的，是以又名「相婿樓」、「梳妝樓」。多景樓是觀賞江景最佳處，北宋書畫家米芾譽之「天下江山第一樓」。

・長廊

《三國演義》中說孫夫人之母吳國太相婿劉備時，孫權藏刀斧手於廊中，被國太叱退。

・凌雲亭

凌雲亭又名祭江亭。傳說孫夫人聽聞劉備死於白帝城，悲憤萬分，在此遙祭後再跳崖而死。

軍事必爭之地——荊州

受《三國演義》的影響，加上各種戲曲的傳播，荊州之名，可以說是街知巷聞，婦孺皆曉了。「劉備借荊州，一去無回頭」、「關公大意失荊州」等等，仍然是人們常掛在口邊的口頭禪。

「荊州」有廣狹兩義。廣義是指作為東漢時全國十一個州的其中一個州；狹義是指當時的南郡治所的荊州城。荊州是古九州之一，歷史悠久。西漢武帝時劃分全國地方監察行政，荊州為十三州刺史之一。荊州管轄地方相當廣闊，治所原在漢壽縣（今湖南常德市漢壽縣），後在襄陽城（今湖北襄陽市）。劉表為荊州牧時，郡治在襄陽。三國時期無論作為一個州郡，還是一座城市，荊州都曾上演過重大的歷史事件。各種勢力之爭奪荊州，貫穿了整個三國時期，其間的得與失，也影響了一方的勢力。

荊州地理形勢重要，乃軍事必爭之地。東漢末，全國州縣破落，荊州卻是獨善天下的地區。秦漢以來，荊楚經濟一直得到很好的發展。向有「江陵故郢都，西通巫、巴，東有雲夢之饒。」（《史記‧貨殖列傳》）。三國時的不少人物，評論過荊州在地理上的重要性。魯肅就向孫權指出，荊州「外帶江漢，內阻山陵，有金城之固，沃野萬里，士民殷富，若據而有之，此帝王之資也」。（《三國志‧吳書九‧魯肅傳》）

荊州地勢，四周高聳，山脈連綿，北面有秦嶺山脈、伏牛山脈，與關洛分界；東面是桐柏、大別、幕阜諸山脈，與豫、揚分界；南面有五嶺，與交、廣分界；西面有武當、大巴、巫山、武陵與益州分界。中央是廣闊盆地，分南北兩個平原。北部是長江、漢（沔）水流經的江漢平原；南部是湘、資、沅、澧四河形成的洞庭平原。東漢末大臣趙岐就曾分析當下荊州的優勢，說「今海內分崩，唯有荊州境廣地勝，西通巴蜀，南當交阯，年穀獨登，兵人差全。」（《後漢書‧吳延史盧趙列傳》）

另一方面，荊州交通便利，四通八達，距中原核心的京、洛又近。漢末以來，由於中原紛亂，大量移民來到荊州。就以來自關中的移民，已有十餘萬。人口多寡，對紛亂的三國時期，是很重要的。因為兵源和生產都需要人口，所以不時見在戰役後，有強迫人口遷移的現象。

「赤壁之戰」後，荊州為曹、劉、孫三家瓜分。夷陵之戰後，則由曹、孫兩家分別佔領。後荊州建制多有變化，而日後荊州，專指今荊州市及其附近地方，又稱江陵。

三家分荊州圖

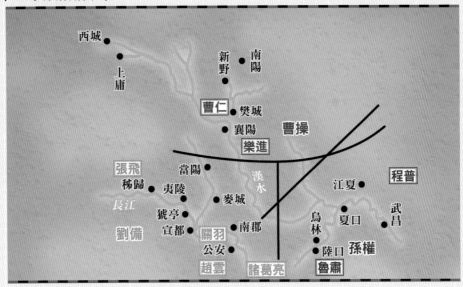

三家將領駐荊州表

君主	年份（公元）	主要將領	次要將領	備註
曹操	208年—215年	曹仁	徐晃、樂進	209年，曹仁屯兵於襄樊一帶。
劉備	209年—214年	關羽、諸葛亮	趙雲、張飛	209年，劉備入蜀，留關羽、諸葛亮、趙雲及張飛等鎮守荊州。
劉備	214年—215年	關羽		214年，劉備召諸葛亮等人援軍，諸葛亮留關羽鎮守荊州。
孫權	208年—210年	周瑜	程普、魯肅、甘寧、呂蒙、凌統	210年，周瑜病逝，由魯肅接掌荊州軍權。
孫權	210年—215年	魯肅	程普	215年，魯肅與關羽談判，以湘水為界，重劃荊州版圖。

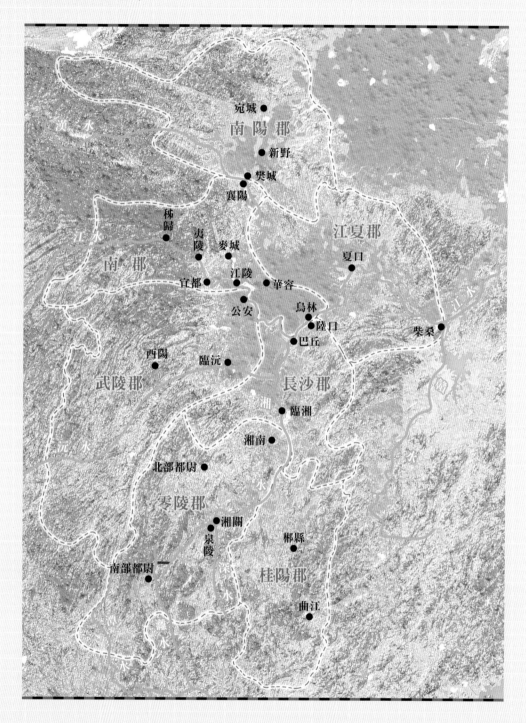

宛城

南陽郡

新野

樊城

襄陽

漢水

江夏郡

秭歸

夷陵

麥城

夏口

江水

南　郡

宜都

江陵

華容

公安

烏林

陸口

柴桑

巴丘

西陽

臨沅

長沙郡

武陵郡

臨湘

沅水

湘南

北部都尉

零陵郡

湘關

郴縣

泉陵

南部都尉

桂陽郡

曲江

· 荊州城樓

· 荊州古城正門甕城

荊州古城
面貌

荊州古城，又稱江陵城。是當前南方地區保存最好的古城池。荊州城現存的磚牆，大部分是明末清初建築的，唐、五代時荊州城已採用城磚。三國時關羽修築的仍是土城，荊州城池，歷代都是根據舊有城牆而翻修的，所以荊州城格局一直保留舊貌。古荊州城不僅保留完整，而且規模宏大雄偉。整座城有六組城門、三座藏兵洞、二十四座敵樓，其他城壕、城堞、水道、水洞、水津門等，古城池的結構一應齊全。古城內尚保留了不少三國遺跡。登上城樓，城池的軍事形勢，可一覽無遺。

赤壁之戰後，劉備派諸葛亮鎮守荊州城。諸葛亮進四川援助劉備攻打劉璋，就由關羽鎮守荊州。此後關羽與孫吳的魯肅、呂蒙在荊州不斷有衝突。209 年劉備佔據漢中，關羽率軍向北攻打曹魏盤踞的樊城，一時「威震中原」。孫吳呂蒙和陸遜卻設下各種騙局，襲擊奪取了荊州。關羽因陷於前後受敵之境，最後在十二月敗走麥城而被殺。關羽駐鎮荊州正好 10 年。關羽一生戎馬，轉戰各地，十年荊州，應是他自率兵以來，駐守日子最長的地方。所以荊州留下他的古跡也最多。

· 遠眺荊州古城

· 橋下有供奉關羽的小祭壇

· 得勝橋石碑
傳關羽戰勝歸來經過的城橋。

· 得勝橋

· 荊州城內的北湖
荊州城南臨長江，地下水位甚高，城內的低窪地方會形
成聚水之地。

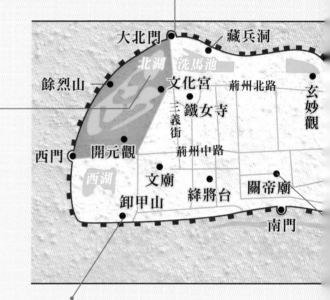

· 卸甲山關羽祠
關羽祠座落荊州新南門的卸甲山（也稱鼎甲山），不但是春秋戰國楚成王修築的
高台，也是關羽每戰勝利，犒賞將士，與將士卸甲飲酒的地方。關羽祠建於明代。

· 荊州古城賓陽門城樓

| 荊州古城平面圖 |

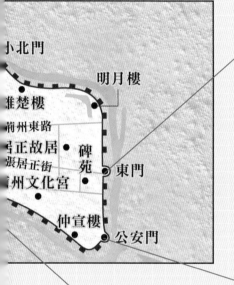

· 公安門

公安門原稱小東門，小東門專通水路，可接東南水道，直通長江。相傳劉備借得江陵，由江南的駐營公安到荊州城，是從這裏登陸的。

· 關帝廟

在城內老南門，原是關羽都督荊州的官邸。廟始建於明太祖洪武年間，規模龐大，由各種殿宇組成。

· 荊州古城寬闊的護城河

第二章

西取益州

稱王漢中

3 諸葛亮獻予劉備的《隆中對》，成為劉備日後的發展方略。寄寓於劉表的時候，《隆中對》陳義雖高，仍只是一紙方略而已。經過赤壁之戰取得了荊州大部分的土地，劉備就有條件去落實《隆中對》。

按照策略「隆中對」，劉備取得荊州的部分地區，是第一步；借得南郡江陵後，形勢有利於開展，是第二步，即可西取益州。江陵和襄陽之間，形成了曹、劉間南北的對峙前沿。其時劉氏，實無力挺進北上。要進一步拓展，西進巴蜀，就成了唯一的選擇。軍師中郎將龐統就力主西進巴蜀。劉備考慮到益州牧劉璋是劉氏宗室，出師無名，多所猶豫。經龐統等眾人一再勸導，才動了念頭。

劉備拒與孫權 出兵

孫權方面，無論是周瑜還是魯肅，在赤壁之戰前，也已形成了一套發展策略。第一步是「兼有荊揚」，即佔據長江的中、下游地區；第二步是「盡長江之極而有之」，即是要佔有巴蜀和漢中；這樣第三步就可以出關隴。孫吳早已制定三路北上，以爭天下的戰略。經漢中出關隴，是西路；經荊襄入宛洛是中路；沿江出徐州入中原是東路。

赤壁戰後，孫吳已急不及待推動西進巴蜀的計劃。孫權向劉備提出，聯手西進攻打劉璋。這個策略，正如荊州主薄殷觀向劉備分析的，「若為吳先驅，進未能克蜀，退為吳所乘」，是孫吳一箭雙鵰的策略，對劉備一方，大大不利。劉備便採取殷觀的反建議，「今但可然贊其伐蜀，而自說新據諸郡，未可興動。吳必不敢越我而獨取蜀。如此進退之計，可以收吳、蜀之利」。（《三國志·蜀書二·先主傳》）這是一種化被動為主動的策略，也是另一種的一箭雙鵰。結果，因為劉備不答應共同出兵，孫權只好打消入蜀的意圖。

三家覬覦 益州劉璋

正當劉、孫兩家互相試探的時候，局勢悄然起了變化。曹操雖然敗退赤壁，但從未打消過要統一全國的意圖。211 年，曹操親自率軍西進，擊敗了馬超、韓遂，佔據了關中地區。進而出兵攻打漢中的張魯，最後目標自然是益州的劉璋。其實，各從自己的戰略考慮，孫、吳和曹三方，不約而同，目光都瞧向益州的劉璋。那麼，益州劉璋的情況又是如何呢？

劉璋是繼其父劉焉而成為益州牧的。劉焉江夏人，漢魯恭王後裔，是宗室。靈帝期間，劉焉歷任冀州刺史、南陽太守、宗正和太常等內外重職。他深知朝綱不振，地方動盪，便建議朝廷選「清名重臣以為牧伯，鎮安方夏」，改地方屬監察性質的州刺史制為地方最高權力的州牧制，並且為自己謀取了益州牧的職位。劉焉此建議，實隱藏着要躲遠避世難的私心。興平元年（194年）冬劉焉病死，劉璋繼任為益州牧。劉璋為人寬厚，但荏弱，無威信，亦無謀略。劉焉和劉璋父子在益州的統治，主要依賴的是由南陽和三輔流入益州的數萬家百姓，並收其強壯者組成的東州兵。由於劉氏父子的縱容，在益州的東州人常欺壓本州人，造成益州人的內部分化。劉璋繼任之初，境內各方勢力，紛紛乘機起兵叛亂。東州人害怕本州人的報復，死命為劉璋作戰，動亂才得以稍戢，但劉璋管治闇弱，益州人心浮動不穩。從大的形勢來看，「益州之殷富，憑天府之險阻」，確是孫、劉目光所及，發展遠略所在，可以此成大業的重要地方。同時，也是曹操暫時擱下南方，先行西進的步驟；所以益州便為三方所垂涎。

劉璋邀請
劉備入蜀

《三國志·蜀書二·先主傳》載，劉備「將步卒數萬人入益州。至涪，（劉）璋自出迎，相見甚歡。」這是指建安十六年（211年），劉備率軍入蜀，來到涪（今綿陽）。綿陽位於成都北面，涪江之畔的金牛古道上，自古是川北的重鎮。劉備與劉璋在城東的東山歡宴百日之久。劉備曾從山上遠眺遠處山川，《方輿勝覽·卷五十四》曾載，「富樂山在巴西縣東五里。劉備自蠻荊入蜀。劉璋延之。於此山望見蜀之全盛。飲酒樂甚故得」。

益州牧劉璋，初時欲結好曹操以求自保。後來知道曹操乘擊敗韓遂和馬超之勢，進而要討伐漢中的張魯，不免惶恐。便聽從手下張松和法正的唆擺，主動邀請劉備入蜀幫助，以抵抗曹軍。在江南正為孫權困扼的劉備，已動了心有意進川，得到這樣千載難逢的機會，立刻令諸葛亮和關羽、趙雲等留守荊州，自己率領幾萬兵，以龐統為軍師，進發益州。途經巴郡（今重慶），然後由墊江（即涪水）到達涪城（今四川綿陽市東北）。劉璋親到涪城迎接，「相見甚歡」，並撥軍劉備指揮，補充了不少物資，讓劉備北攻漢中的張魯。

· 劉璋歡宴劉備

劉璋歡宴劉備及隨行的文武大員。（富樂堂上塑像）

· 劉璋迎接劉備入川

劉璋在綿陽迎接劉備入川的場面。（富樂堂上壁畫）

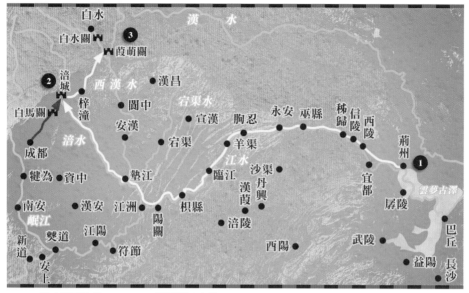

劉璋進軍路線 ──── 劉備進軍路線

❶ 劉備令諸葛亮和關羽、趙雲等留守荊州,自己率領幾萬兵,以龐統為軍師,進發益州。途經巴郡,然後由墊江到達涪城。

❷ 劉璋親自到涪城迎接劉備。

❸ 劉備率軍北上,屯駐葭萌關。

　　劉備率軍北上,到了葭萌關就不再北上,相信在等待機會,有所圖謀。劉備駐軍葭萌關約一年後的 213 年,曹操征討孫權,孫權向劉備求救。劉備藉口回軍荊州以援助孫權,更藉口劉璋吝惜援軍的資助,在白水關誅殺了一直對劉備多加防範的劉璋大將楊懷和高沛,並收編其駐白水關的兵隊,率軍南下佔領涪城。此時劉璋已知道劉備有征伐他們的圖謀,派軍迎戰,卻節節敗退。守綿陽的大將吳懿和督軍李嚴投降。劉軍圍困雒城(今四川廣漢市北)。

　　劉備和龐統率領的部隊,久攻不下。到 214 年初,諸葛亮得劉備召令,留關羽守荊州,自己率領張飛、趙雲和劉封(劉備義子)沿江西上。作為先鋒的張飛軍,首先拿下巴東(今重慶奉節),再敗降江州巴郡太守嚴顏。諸葛亮等到達江州,與張飛會師後,分兵三路,直搗成都。一路由張飛率領,經墊江北上收服了巴西(今四川閬中),再出成都之北。

| 劉備三路援軍入川路線圖 |

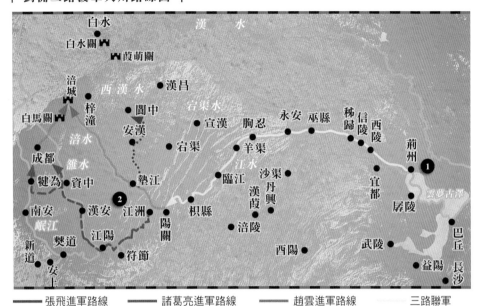

張飛進軍路線　　　諸葛亮進軍路線　　　趙雲進軍路線　　　三路聯軍

❶ 劉備命諸葛亮率張飛、趙雲諸將援軍入川。
❷ 諸葛亮、張飛和趙雲分成三路，包抄成都。

益州
遂歸劉備

　　一路由趙雲統領，沿江直取江陽（今四川瀘州市），再下犍為（今四川彭山縣東南），出成都之東南。一路由諸葛亮自己率領，居中路西下德陽（今四川遂寧市東南），直取成都。三路軍隊都成功迫近了成都。此時已是五月，劉備經猛烈的攻擊，取下雒城，會師成都。可惜在攻打雒城時，龐統卻中流箭而死，才 36 歲。時在漢中被曹操打敗的馬超，走投無路，得劉備的招攬，遂加入劉備陣營，並率兵趕赴成都增援。劉璋見大勢已去，開城投降。益州遂歸劉備。

金牛古道與征討劉璋沿線要塞

廣元明月峽

「明月峽」，本名「朝天峽」，位於四川廣元市朝天區的嘉陵江上。嘉陵江一入蜀境，地勢險峻，要穿越陡峭的河谷，河谷寬僅百米，兩岸石崖壁立。江水南流，急湍翻騰，一瀉千里。這樣江急山峻的峽谷，卻是漢中到成都唯的一通道，也是中國西部南北的唯一通道，古道有數千年歷史。

明月峽是一條「棧道」，又名「閣道」，是在崇山峻嶺中的峭崖陡壁上，鑿孔架木，用木或竹連閣而成的道路。明月峽開鑿於約 2000 多年前的戰國時期，《戰國策・秦策》已有「棧道千里，通於蜀漢」的記載。這裏說的千里棧道，就是指先秦已開闢的古道，北起秦都咸陽，南達古蜀國都城成都，全長 2000 餘里。這條蜿蜒於秦嶺和巴山，重巒疊嶂的千里古道，分北南「褒斜道」和「金牛道」。「金牛道」從今陝西勉縣西南行，越七盤山進入四川，經朝天驛、朝天峽（明月峽），過廣元，入劍門關，再向南經涪城（今綿陽）而入成都。

在明月峽發生的歷史事件，貫通了整部中國歷史。三國時期劉備入蜀後駐軍葭萌關和明月峽。諸葛亮北伐中原，就大力整修劍門峽道沿途棧道，所以在明月峽的入口大門樹立了羽扇綸巾的巍峨石像。明月峽是劍門關蜀道的部分，經修復過的這段棧道，集驛道、縴夫道與現代的公路和鐵路於一身，是中國古今偉大交通工程的「交通博物館」。

· 明月峽區域入口

· 明月峽入口的諸葛亮塑像

· 《後出師表》

· 天雄關前千年古柏

· 明月峽入口

· 江油關

· 白馬關

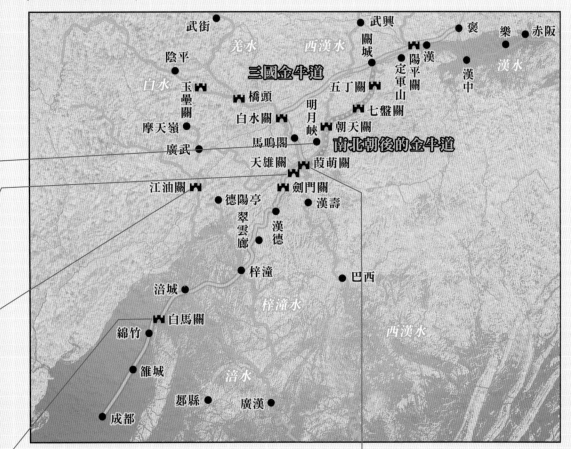

| 金牛道位置圖 |

三國金牛道

南北朝後的金牛道

武街 · 陰平 · 白水 · 玉壘關 · 摩天嶺 · 廣武 · 羌水 · 西漢水 · 武興 · 關城 · 橋頭 · 白水關 · 明月峽 · 五丁關 · 朝天關 · 七盤關 · 定軍山 · 陽平關 · 漢 · 褒 · 樂 · 赤阪 · 漢中 · 漢水 · 馬鳴閣 · 天雄關 · 葭萌關 · 江油關 · 德陽亭 · 翠雲廊 · 漢德 · 劍門關 · 漢壽 · 梓潼 · 巴西 · 涪城 · 白馬關 · 綿竹 · 雒城 · 郪縣 · 廣漢 · 成都 · 梓潼水 · 西漢水 · 涪水

· 葭萌古關

· **陡峭峽谷**
現代的交通公路和火車，仍然沿着峽谷穿山行駛。

· **峽谷及棧道**
棧道為臨水的木道，秦蜀之間雖有大山阻隔，
但有大河相通，沿河修路體現古人的智慧。

· 從翠雲廊遠眺劍門十二峰

昭化城與葭萌關

劉備自涪城與劉璋相聚後，率兵馬北上，代劉璋對抗漢中的張魯。但是，到了葭萌，劉備不再北進，駐葭萌關年餘。葭萌關始建於戰國時期，蜀王封其弟為苴侯，建都在此，稱為葭萌。劉備停留在此，另有打算，並收買人心，遂稱「昭化」，取感召萬民之意。蜀漢建立後亦稱「漢壽」，晉代稱「晉壽」，宋代稱為「昭化」，並沿用至今。

葭萌關位於由漢中入川交通要道金牛道上，原來是一個驛站，後來發展成為關卡，稱葭萌關，後再發展成為一個關城，即後來的昭化城。葭萌關是昭化設城後的西門，同時還是重要的驛站，專為往來官員、官差提供車馬、食宿，至明末達到巔峰。昭化城和葭萌關在軍事上之所以重要，因位處嘉陵江與白龍江兩江匯流之處。從此關城由陸路北上通漢中，南下到成都；如順嘉陵江而下，可達巴西重鎮閬中，可見地理位置的重要。關城周圍形勢，「峰連玉壘，地接錦城，襟劍閣而帶葭萌，踞嘉陵而枕白水，誠天設之雄也。」劉備就是由葭萌發兵征伐劉璋的。

延熙十四年（251年），蜀漢大將軍錄尚書事，即蜀漢第三任丞相費禕，屯兵在此，受命開府，昭化城遂而成為蜀漢僅次於成都的政治中心。

· 葭萌昭化古關

· 昭化古城「鳳瞻」東城門

昭化城有三門。西門稱「臨清門」也是葭萌關的城關，東門稱為「瞻鳳門」，南門稱「臨江門」，北門稱「拱極門」。後因嘉陵江水患，遂將南門拆除改為城垣以防水患。

· 牛頭山北看葭萌關

白龍江（白水）

桔柏渡

· 兩水匯流的桔柏渡

葭萌關是在嘉陵江（西漢水）
和白龍江（白水）的交匯處。
雖然是彈丸之地，但是廣元
東來，有桔柏渡以拒之，南
下蒼（溪）閬（中）有梅嶺
關以阻擋，西出劍閣有天雄
關以鎮之，北朔白水有白水
關以守之，為四方通衢之地。

白水

桔柏渡

葭萌關

嘉陵江

筆架山

筆架山

嘉陵江

· 牛頭山上西眺嘉陵江

牛頭山是劍門山的東支，海拔 1214 米，位於
嘉陵江西岸，是一座巨石聳立的大山。

· 涪江今貌

涪江又稱綿陽江，今名綿遠江。

·葭萌關內街牌樓

白馬關

白馬關位於四川德陽羅江境內的鹿頭山。在綿陽與德陽之間，乃綿陽軍事關隘，向有「蜀都門戶」之稱，是從北進入成都的最後防線。

212 年，劉備從龐統計謀，率黃忠和魏延等，由駐軍地葭萌出兵征伐成都的劉璋，先取白水關。劉璋遣將劉璝、冷苞、張任、吳懿等拒劉備於涪城（今綿陽），皆被破，退守鹿頭山西 10 里的綿竹。劉璋再遣李嚴和費觀督師綿竹，吳懿、李嚴、費觀等人在綿竹降劉備，龐統用計再取綿竹。214 年四月，劉備以綿竹為大本營發動對雒城的攻擊和圍城，「（龐）統率眾攻城，為流矢所中，卒」。劉備對龐統之死十分悲痛，「言且流涕」，後追賜爵「關內侯」。作為劉蜀的謀士，龐統中途去世，對於蜀劉，損失是巨大的。劉後主禪公元 260 年在「墓前建祠，歲時祭祀」。

綿竹，是天師道張陵、張衡和張魯三代治頭祭酒中的鹿堂治所在。白馬關附近有龐統墓和廟，在龐統墓側，尚存一段「金牛古道」舊跡。諸葛亮和姜維的北伐，調徵大軍，運輸糧草，都曾踏在這古道上。

建安十六年（211 年），劉備入蜀，龐統起了重要的作用。214 年，輔助劉備攻打劉璋，在雒城（今廣漢市）遇難，葬於鹿頭山（今墓祠所在地）。鹿頭山是東西兩川的分界線，也是歷代兵家必爭的戰略重地。

後世論史者和讀《三國演義》讀者，對龐統之死，無不慨歎萬千，這種慨歎，不僅在惜悼一位賢人之早逝，更在歎息蜀漢的國運，甚在怨天命不祐蜀漢。宋代詩人陸游有《鹿頭山過龐士元墓》詩，曰「士元死千載，悽惻過遺祠。海內常難合，天心豈易知。英雄千古恨，父老歲時思（農曆正月二十六日傳為龐統生辰）。蒼蘚無情極，秋來滿斷碑。」「英雄千古恨」在深歎龐統的早逝，「天心豈易知」則有怨天命有舛之意，道盡了後人對龐統之死的可惜心情。

· 白馬關

劉備在白水關殺劉璋守將楊懷和高沛,並收其部眾,再揮軍南下,直取白馬關。

· 從白馬關向南遠眺蜀中平原

被譽為「鳳雛」的龐統（179—214年），襄陽人；而被譽為「伏龍」的諸葛亮（181—234年），是瑯琊人，17歲起寓居於襄陽，比龐統小三歲。青年時代的龐、諸二人，都生活於襄陽，是否來往親密，史無記載。諸葛亮視之為師的大名士龐德公，長子山民娶諸葛亮小姊，而龐統是德公姪子，所以龐統與諸葛亮也有親戚的關係，而兩人皆親炙司馬徽，都為司馬徽所器重。何況，司馬徽與龐德公又是好友。不過，諸葛亮在襄陽的親密好友是徐庶、崔州平、石廣元和孟公威等汝潁人士。諸葛亮與襄陽人士馬良結為兄弟，並與馬謖等其四弟皆友善。諸葛亮年長，馬良視之為兄。

· 鳳雛盡忠碑

· 老藝人唱彈龐統生平

話說評彈三國事情在宋朝時已很流行。這種彈唱傳統一直流傳不絕，不期在龐統寺尚能見以四川竹琴評彈三國的古老傳統，流傳有緒，至今仍可見其面貌，難能可貴。

· 白馬關龐統廟的龐統墓　　　　　　　　　　　　· 龐統畫像

　　諸葛亮出道後，龐統已仕於孫權。孫權曾有意招攬諸葛亮，亮不為所動。當孫權去信諸葛亮，諮詢他「士人皆誰相經緯者」，亮答曰「龐統、廖立，楚之良才，當贊興世業者也」。後龐統歸劉備，劉任之為從事守耒陽令，以疏於政事被劉備免職。魯肅去信劉備，説「龐士元非百里才也」，諸葛亮也向劉備為龐統説項。劉備遂約見詳談，然後大改印象，得以器重。

　　諸葛亮與龐統對蜀漢的崛起和建國，貢獻很大。劉備對二人亦很器重，後人評之為冠亞。至於二人的歷史評價，陳壽的評論，最為適切恰當。陳壽説龐統猶如曹操的荀彧，評價不可謂不高。至於陳壽評諸葛亮，説「可謂識治之良才，管（管仲）、蕭（蕭何）之亞匹」。可惜蜀漢龐統、法正、馬良等一眾謀略之臣，接連早萎，諸葛亮獨力維持，蜀漢命運可知過半了。

·鳳雛庵

鳳雛庵位於赤壁之戰的赤壁山。赤壁山由金鑾山和南屏山組成，鳳雛庵在金鑾山山腳下。相傳這是鳳雛先生龐統攻讀兵書的地方，《三國演義》稱之為「西山草庵」。後人為紀念龐統，在他隱居的草庵故址，修建了「鳳雛庵」，歷代修葺，至今保存完整。

· 鳳雛庵

鳳雛庵周圍環境優美寬廣，古樹環抱，綠蔭
森森，有小徑可通金鑾山頂。門庵前有參天
的大銀杏樹，與青瓦白牆的庵舍相輝映，古
意盎然。

．龐統與諸葛亮的塑像

龐統祠龍鳳二師殿始建於東漢末，原專以祭祀龐統，明代時並祀諸葛亮。「儒生俗士，豈識時務？識時務者在乎俊傑。此間自有伏龍、鳳雛。」這是有「知人之鑒」的大名士司馬徽，向前來拜訪的劉備說的話。俗語說「一言興邦」，「得人才者得天下」。司馬徽這一番話，改變了劉備的命運，也改變了東漢末年各家的命運。

· 龐統落鳳坡衣冠冢

· 羅江的落鳳坡

龐統死於進攻雒城，劉備命人運龐統屍，返葬於鹿頭山。《三國演義》將龐統殞命的地方移植到鹿頭山落鳳坡，是張冠李戴了。

古蜀道的
金牛道

「金牛道」是中國西部最早開發以溝通南北的古通道。因為沿道地勢險要，它的開闢，是中國古代的一項偉大交通工程。金牛道在中國歷史上，名氣很大，作用也很大。東漢末年三國時期，很多重要的歷史事件，都發生在這條道上。

戰國時秦惠王要征討蜀王，有誘騙送以「生金之牛」的傳說，而有金牛道之稱。中國的西部，在古代要由今日陝西的關中出發，到達今日的四川，主要就是利用這條通道。關於這條古道，唐代著名詩人李白有《蜀道難》長詩加以描述，全詩總結了一句，「蜀道難，難於上青天」。古蜀道要跨越險峻、橫亙於陝川之間的秦嶺和巴山兩大山脈，穿行於秦嶺、巴山的山谷、河谷中的隧道。「連峰去天不盈尺，枯松倒掛倚絕壁。飛湍瀑流爭喧豗，砯崖轉石萬壑雷」。沿途山崖河谷陡峭，無路可尋，只好開鑿山壁，架起木樑，鋪以木竹而成架空的棧道。

川陝通道以秦嶺與巴山，分成南北兩段。巴山山脈呈西北向東南的走向，是漢中盆地和四川盆地的分界，道路險惡。南段由漢中到巴蜀，主要有通道三條：即金牛道、米倉道和洋巴道，而以金牛道線路最長。金牛道沿途由北至南，經勉縣、寧強、廣元、昭化、劍門、綿陽、成都、南充至重慶。金牛蜀道，以劍門關一段最為險要。穿過劍門關後，道路再分兩線，一直趨成都；一沿嘉陵江經閬中、南充到重慶。所以我們講述三國歷史，在川北地區，地點幾乎都古蜀道上。

· 古蜀道殘存

· 天雄關後的金牛道
金牛道不僅險要，大部分的道路都很狹隘。所以稱為隘道是名副其實的。

· 牛頭山上金牛道

金牛道上的驛站天雄關

天雄關原名天信關，地屬牛頭山，是金牛古道上極為重要的驛站。由昭化出西門約七公里，需要沿着古道上山。天雄關位於西側山腰，海拔約700餘米。金牛道到此處，過了天雄關，沿着關後西側山腰，通向劍門關的大小劍山。天雄關是劍門關的前哨關卡。牛頭山和大小劍山相似，北麓陡峭，南麓緩緩而下。

在牛頭山上可以俯瞰昭化。當年驛道快傳，隔十至二十里會有巡路卒，過天雄關需要持有劍門關或桔柏渡的勘合（證書）。天雄關是小站，不作傳遞。有急件通過的時候，會在關後提前舉煙，來到關前，會提前吹響牛角號（有長短音節奏），關下昭化兩河河口桔柏渡的渡船，必須提前靠岸等候信使，一到迅速渡江。劍門關、桔柏渡是大站，可以進行換人換馬傳遞。

· 天雄關前的金牛道

文物即將修繕
危險請勿靠近

· 羅江地區的金牛道

· 羅江地區金牛道上的驛站遺址

金牛道在先秦時期就設有驛站以便傳遞軍情、換馬和官員途中食宿。至漢代每30里會有一個驛站，全由太尉執掌。

全国重点文物保护单位
剑门蜀道遗址
中华人民共和国国务院
二〇〇六年五月二十五日公布
四川省人民政府 立

· 劍門蜀道遺址

· 掛鏡台
掛鏡台在白馬關城樓百步古驛道上。

· 閬中地區的米倉道

張飛戎馬一生的歸宿——閬中

張飛是三國時期的一介武將，但作為歷史人物，千多年來，全國各地不少地方，均設有寺廟以祭祀。三國人物之中，得享此隆譽的，或僅次於諸葛亮和關羽而已。這種現象，固有來自《三國演義》所造就的形象的影響，從中也不可小覷千百年民間所展現的倫理價值。

　　後世立寺建廟，以拜祭歷史人物，除了帶有迷信色彩的人物外，歷史人物所受民間香火，某方面最能反映千百年大眾社會的倫理價值，與在歷史上對賢與不肖的好惡。「忠義」向來是中國社會最崇尚的價值，後世關羽和張飛的香火較盛，主要反映中國社會民眾，褒揚「忠義」的價值觀。

　　《三國演義》中的張飛，形象雖然魯莽，但為人勇武，忠肝義膽。歷史上的張飛，《三國演義》雖作了誇飾，但本性和性格基本如此。他的勇武，為同時代的人所肯定，曹操的重要謀臣程昱、郭嘉、劉曄和傅幹等，都評論過張飛，說他「勇而有義，皆萬人之敵」，「勇冠三軍」。周瑜說他是「熊虎之將」。《三國志》作者陳壽，作歷史的評論，說他是「為世虎臣」。

　　張飛在長坂坡的英雄形象，大家是熟悉的。張飛與劉備、關羽和趙雲，都是出身於北方的「燕趙男兒」。他們的一生，從北到南，轉戰萬里，最後歸宿都在南方。關羽也好，張飛也好，他們的寺廟，遍佈全國，是一種全國性的崇拜。張飛從 208 年赤壁之戰後，他的活動範圍主要是在中國的西南地區，即現今湖南、湖北、四川和陝西南部。赤壁戰後，張飛任宜都太守，後駐秭歸。扼守着荊州西邊的長江三峽重地，與駐守在荊州的關羽，一向北，一向西，是劉備和諸葛亮《隆中對》策略中，以固「荊益」的守護者。

　　劉備由葭萌關出兵，攻打成都的劉璋，在雒城阻滯了一年。214 年，劉備命諸葛亮率張飛、趙雲諸將援軍入川。「泝流定白帝（奉節白帝城）、江

· 張飛義釋嚴顏圖

張飛入蜀，攻破江州（今重慶市），生獲劉璋的巴郡太守嚴顏。以嚴顏寧死不屈，「壯而釋之，引為賓客」，這「義釋嚴顏」的舉動，陳壽譽為「有國士之風」。在《三國演義》，也用以刻劃張飛「粗中有細」的形象。三國時期，屢有敬重對手寧死不屈的忠義，而義釋不殺之舉。

州（今重慶）、江陽（今瀘州）」，再由諸葛亮、張飛和趙雲分成三路，包抄成都。劉備佔了益州，以張飛為巴西太守（今閬中市）。

曹操佔有漢中，以夏侯淵、張郃、徐晃等大將駐守漢中，自己回到鄴城。張郃屯漢中，屢進迫巴中。張飛紮營於宕渠與瓦口，與張郃相持 50 餘日，終出間道，大敗張郃，張郃僅以身免，退回漢中。

建安二十二年（217 年），劉備率趙雲、黃忠、法正等進兵漢中。另遣張飛、馬超、吳蘭等為側翼，屯於下辨（今甘肅成縣東）。218 年春，曹操都護軍曹洪進攻下辨劉軍，並擊殺了吳蘭，張飛和馬超退走。武都為曹軍所佔。劉備主力軍屯陽平關下，夏侯淵、張郃、徐晃等相拒。劉備和曹操爭奪漢中，史著言及張飛的動靜不多，估計張飛主責在鎮守巴西郡。劉備取得漢中後，出乎蜀漢文武大臣和張飛自己的意料，不是由張飛總督漢中的軍事，而起用了魏延，督軍漢中。劉備的軍事部署，或出於以張飛坐鎮居荊、益和漢中之間地帶的巴郡，有輔援保障荊、益和漢中的作用；魏延之督軍漢中，屬於前軍而已。

劉備稱漢中王時，拜張飛為右將軍，假節。章武元年（221 年）為車騎將軍，領司隸校尉，進封西鄉侯。自此一直駐守巴西郡，守閬中，長達 10 年。一如關羽之在荊州，閬州城就成了張飛戎馬一生，逗留時日最長的地方及最後殞命的地方，所以也是他留下的遺跡和傳說，最多的地方。

· 遙望南津渡

位處「閬中古城」的中心，向前走百米是高坎渡，與隔嘉陵江對岸的南津渡相望。古代過關、過渡，都要進出華光樓。今日登臨華光樓周覽全城，景像全入眼簾，仿如置身古城。

南津渡

嘉陵江

閬中古城

· 華光樓一帶店舖

街上店舖一如古代，只有人和貨品是現代的。

· 華光樓一帶店舖

· 閬中古城

· 俯瞰古城舊宅

· 蓑衣

　　臨閬中古城嘉陵江的對岸遠山，是錦屏山。閬中在戰國時已是巴子國的國都，秦漢時已築城，建城至今已有 2300 多年的歷史。閬中是歷代郡、州、府、道的治所所在，一直是川北的軍事重鎮。歷代都重視續修擴建。古城雖然屢毀於戰爭和洪水，卻屢毀屢建。今日的城街格局，是清代面貌，老街屋舍的樣式，是傳統風格。

· 閬中古城北望西漢水和翠雲山

·古城衛士衙所

原古城衛士衙所，成了現在的派出所，功能如舊，古為今用，令人更增幾分思古幽情。

·閬中傳統婚嫁

·南津渡口關樓

南津關自古就是商賈雲集、物貿繁盛的水陸要塞。座落於閬中古城南邊，背倚風景秀麗的錦屏山山麓，枕山面江，狹長的古街，古風古貌，古韻悠遠，與閬中古城隔江相望，充滿舊城畫意。南津水路，曾橫貫南北、上通廣元、南下重慶，是連接古城和江南的一條必經之道。南津關古鎮還與著名的華光樓隔江而望，風光優美。

·南津古鎮街景

· 航拍南津渡

南津關是金牛道的重要關口。

· 桓侯祠複製碑

· 漢桓侯祠內敵萬樓

· 張飛原碑拓片

雲陽張飛廟原碑拓片為存世實物，證實張飛曾任巴西太守，鎮守閬中，極具歷史價值。原碑拓片原是在後山摩崖的漢隸石刻，文字是「漢將軍飛率精卒萬人大破賊首張郃於八濛（蒙）立馬勒銘」；有說摩崖石刻字乃張飛自書，以見張飛非人們印象中的一介老粗。

· 漢桓侯祠

活化石的渝中巴渝舞

閬中古城，每到春節，都有一種稱為巴渝舞的大型歌舞巡遊表演，是閬中城的年中盛事。在民間巴渝舞又稱「巴象鼓」和「八仙鼓」。

曹魏初年，閬中地區盛行舞曲，有《矛渝歌曲》、《安弩本歌曲》、《安台本歌曲》及《行辭本歌曲》四篇。「其辭既古，莫能曉其句度」。曹操遂使軍謀祭酒，著名文學家王粲，改創其歌詞。王粲曾諮詢巴、渝地區的將帥李管和種玉歌曲大意，試使歌之、聽之，以考校歌曲，而為之改為《矛渝新福歌》、《弩渝新福歌》、《安台新福歌》及《行辭新福歌曲》。《行辭新福歌曲》，內容則在頌述曹魏之政德。王粲改寫的四種曲詞，今可見於王粲文集，彌足珍貴。漢末三國，雖處亂世，歌舞曲譜的表現和創作很活躍，文娛文化活動也很興盛。

巴渝舞不僅有着幾千年的歷史，而且流傳到今天，成為城中盛事，真是中國歌舞的活化石。《後漢書》有記載說「閬中有渝水，其人多居水左右，天性勁勇，初為漢前鋒，數陷陳（陣），俗喜歌舞。高祖觀之，曰『此武王伐紂之歌也。』乃命樂人習之，所謂巴渝舞也」。（《後漢書·南蠻西南夷列傳》）漢初巴人范目，率七姓巴人，組成漢軍前鋒，前歌後舞，號為神兵，助漢王「還定三秦」。周武王伐周有巴人助戰，漢高祖出漢中入關中，也以巴人為先鋒。巴渝舞竟與中國幾千年來歷史的大事相關，真屬罕有的活歷史。由此可見，巴渝舞原是巴人的狩獵舞和戰舞。

‧巴渝舞

張飛戰
張郃瓦口

巴西地區有多個瓦口。張飛戰張郃的瓦口
隘道究竟在哪？眾說紛紜，主要有三說：
一、梓潼城北 10 里，金牛道上的瓦口關；
二、閬中城北 15 里，瓦口隘村雙埡山上
的瓦口關；三、渠縣（古宕渠）東北八里，
流江河入渠江口的八蒙山。根據地理和古
通道，我們以為渠縣較有可能。

梓潼，是蜀漢北伐的戰略集結地。當時蜀漢
兵源的輪換及補給，都是在這裏完成的，所以此
地遺留有大量的三國遺跡和傳說。

《三國志・蜀書・王連傳》記載：「先主起
事葭萌，進軍來南，連閉城不降，先主義之，不
強迫也。」劉備駐紮在梓潼城東，最終繞城而走，
直取涪城。定蜀之後，梓潼升縣為郡，由霍峻擔
任太守，管轄劍閣、漢壽、白水、涪城、昭化、
漢德等咽喉之地，可見地位的重要。

· 從雙埡山望西南的閬中方向
閬中的瓦口隘，在閬中和蒼溪交界的瓦口隘村的雙埡
山上，距閬中西北 15 里的位置，這隘口是通向漢中
的關卡。

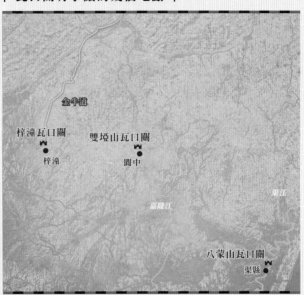

| 瓦口關有爭議的幾個地點 |

金牛道

梓潼瓦口關　　　　雙堠山瓦口關
梓潼　　　　　　　閬中

　　　　　　　　　　　　　　渠江

嘉陵江

八蒙山瓦口關
渠縣

· 梓潼瓦口關

　　當時漢中到達巴西郡的通路主要有兩條：金牛道和米倉道。金牛道上關卡重重，進退不便；而最可靠的方式是道路行進雖艱難，但後顧無憂的米倉道。從漢中南行不遠，就可以到達米倉山中的牟陽城，再往南可達渠水（今南江）。沿渠水直下巴中（今漢昌），再南下可以到達宕渠。漢昌西面即為閬中，可以直接監視張飛駐地。在東面可經宣漢（今達州），沿着不曹水返回漢中南鄉（今西鄉）。

　　南江、漢昌、宕渠及安漢在三國時前都是巴西郡的轄地，是張飛需要守備的地方。閬中北面的雙堐山，自三國至元明的史籍，都未見有瓦口關的記載。只是到了清朝才有了在蒼溪或閬中建造了瓦口關或瓦口隘的記載。並謂在「縣東南十五里，漢張桓侯的故營，有廟」。另有説「瓦口關……即瓦口隘。在縣城北約二十五里。接蒼溪界」。可見，在歷史上，雙堐山並無瓦口關，到了清代卻突然出現。到今天雙堐山上仍然可以找到殘存不多的壘石、夯土防禦關牆。

據當地學者推測，可能是清代根據《三國演義》第七十回：猛張飛智取瓦口隘，老黃忠計奪天蕩山。託名造景，打造了瓦口隘或瓦口關。[註1]

　　梓潼人以三國這段歷史為榮，有眾多的三國故事和三國遺存，因此借用了瓦口之名，在金牛道上出現了一座「瓦口關」。

　　《三國志》載：「（215年）（張）郃別督諸軍下巴西，欲徙其民於漢中，進軍宕渠、蒙頭、盪石，與飛相拒五十餘日。飛率精卒萬餘人，從他道邀郃軍交戰，山道迮狹，前後不得相救，飛遂破郃。郃棄馬緣山，獨與麾下十餘人從間道退，引軍還南鄭，巴土獲安。」《渠縣誌》載：「八濛山三國古戰場遺址，在縣城東北方向三點五公里處，現屬渠東鄉八濛村。」從記載上看，渠縣的這個瓦口隘道是歷史上，張飛戰張郃的古戰場。

· 傳說的張飛點將台

（註1）　閬城周圍有七個關隘環繞，合力保護閬中，其中土地關在城北25里，與蒼溪界接，即瓦口隘。《閬中名勝古跡考釋》明確指出，「閬中瓦口隘為清代所砌，瓦口隘三字為楷書，非漢隸，蓋後人造景」。

·隆中對古柏

·張飛古柏

張飛在巴西留下另一重要遺跡，是劍門蜀道的「翠雲廊」。翠雲廊是以劍閣古城為中心，北至昭化，西至梓潼，南至閬中，被稱為「三百里十萬樹」，是古蜀道上的奇觀。翠雲廊其中一段 1050 米的古蜀上，有古柏 238 棵。相傳是張飛率軍經劍閣所植的，劍閣道上植柏在秦代已開始。三國時，相傳張飛任閬中太守，南北往還頻繁，張飛遂令士兵沿路種植柏樹，所以後人稱植滿柏樹的翠雲廊為「張飛路」，沿途古柏稱張飛柏。

綠化不是現代才有的觀念，中國自古就有綠化的觀念和要求，甚至規定，地方長官離任前，要點算轄下地方的樹木，是否有減少，作為考績的一部分。翠雲廊的古柏，都被賦予名字，多以蜀漢人物的事物命名，這當然是後人的玄虛。

· 翠雲廊古道上
的張飛塑像

· 由翠雲古蜀道遠眺

· 古雒城

建安十八年（213 年）劉璋遣將劉璝、冷苞、張任、鄧賢及吳懿等，拒劉備於涪城（今綿陽），皆破敗。退守鹿頭山西 10 里之綿竹。劉璋再遣護軍李嚴、費觀等督綿竹軍，守鹿頭山一帶。劉備攻取涪城後進軍鹿頭山。綿竹縣令吳懿與護軍李嚴、費觀率眾投降，於是劉備進駐綿竹，而劉璋之子劉循和蜀人張任，則固守雒城以拒劉軍。

· 劍閣古道上高大的牌坊

· 張飛牛肉

閬城以張飛命名的牛肉店很常見，相信是此地的名食。在杭州有東坡肉（蘇東坡），湘西有從文臘肉（沈從文），固然是一種名人效應的食品命名方式，同時重視歷史人物，也是一種的民間崇仰。

第三章

南北戰線

相互攻防

3 曹操自赤壁之戰失敗，北返鄴城。一方面，為了鞏固自己在朝廷中的統治勢力，而致力於內部一連串的人事安排和各種興革。另一方面，在對外軍事行動上，則改而採取向西面和南面兩路並進的戰略。赤壁之戰後，南方的對手仍然是孫權和劉備。曹操也意識到，劉、吳氣候已成，雖則各自的勢力不如他，一旦聯合起來，不是一時所能征服的。何況曹操知道劉、孫兩人，不求自保，時刻找尋進攻他的機會。所以於孫、劉，曹操轉而採取堅固南方前沿軍事重鎮，整固武力，採取攻防兼備的戰略。

曹孫劉三方
互為攻防

　　赤壁之戰後的孫、劉兩方，都有伺機北上，襲擊曹操的意圖。雖然說是同盟，孫、劉之間已生嫌隙，這樣就漸漸形成了曹、孫、劉三方互為攻防的軍事局面。曹操派曹仁固守襄陽和樊城，以對抗駐守在江陵的劉備名將關雲長。在沿長江和淮河之間的江淮地區，佈置了點、線、面的軍事攻防佈局。尤其以合肥和壽春為軍事重鎮，以震懾和對抗盤踞長江中下游的孫權。

| 曹孫江淮攻防圖 |

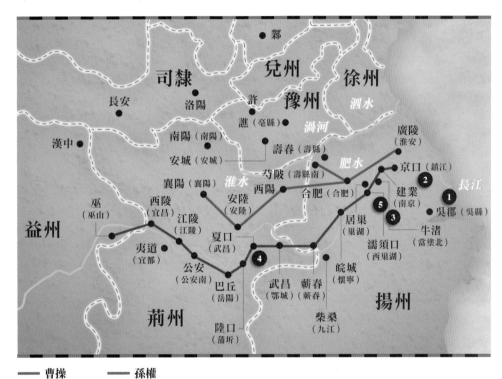

── 曹操　　── 孫權

| 東吳都城遷移表 |

西線方面，對於關隴的馬超和韓遂等胡漢割據勢力，以及漢中的張魯，曹操則採取了積極的軍事行動。自朝廷西遷長安到東返洛陽的這段時期，關隴地區仍盤踞着大小的地方勢力，但勢力最大的數馬騰和韓遂。馬、韓這兩股勢力，對於曹操來說，屬心腹大患。208 年，曹操討伐荊州之前，詔表馬騰入朝做官，而由他兒子馬超在關中統領部隊。211 年，曹操以討伐漢中的張魯為名義，派鍾繇領兵出洛陽，夏侯淵等領兵出河東。

這樣的軍事行動，馬超和韓遂自然明白，這是兵法三十六計中的「假道伐虢」之計，曹操襲擊的對象，其實是他們。馬、韓便聯合關中地方諸將，馳集潼關，以備曹軍。曹操清楚馬超和韓遂是涼州勁旅，也不敢小覷。再委任曹仁督師，並自己親臨前線，指揮作戰。在潼關兩軍的對峙中，曹軍一度很受威脅，曹操遂採取了聲東擊西的迂迴戰術，北渡黃河，在渭河北岸與馬超對壘，形勢化被動為主動。又在馬超求和的過程中，用計離間了馬超和聯盟的韓遂。然後發起進攻，在關中黃渭之間，大破馬超和韓遂。

採取畢其功
於一役的戰略

這是曹操親自指揮的另一場著名的戰役。在這場「潼關之戰」，又稱「渭南之戰」中，曹操苦於關隴複雜的地理形勢，和盤踞分散的地方勢力，如逐一分別討伐，會曠日持久，竄散復聚，以致疲於奔命，師老無功。故此，引誘他們以聯軍而集中起來，採取「畢其功於一役」的戰略，這是高明的。在戰役的初期，雙方陷於苦戰的狀態。曹操在渡河北上時，甚至身陷險境，幾至殞身。以是慨歎，「馬兒（指馬超）不死，吾無葬地也」。最後大獲全勝。

這場戰役曹操親自督師，並臨陣制定隨機應變的戰術，是一場很成功的戰役。戰役後，曹操也禁不住向手下解釋戰役過程中的種種謀略，頗為自得。[註1]渭南之戰雖驚險萬狀，曹操仍充分表現了出色的軍事謀略，和敢於冒險犯難的精神。曹操身為主帥，即使在軍事勢力強大，謀士戰將如雲的時候，他仍然親

（註 1）《資治通鑑．卷 66》

自率軍，衝鋒陷陣。這是曹操作為主帥的一種良好的品質。身先士卒不但能鼓舞士氣，提升兵將的戰鬥精神，而且實際洞察戰況，遠非僅靠「遙遙控制」、不落地的指揮者所能比擬的。從這場戰役，也可體會到曹操的軍事策略和戰術，重在「奇」和「詭」。擅用「奇兵」和「詭道」，是曹操軍事戰略的一貫特點。擅軍事謀略的諸葛亮，對曹操之為人，雖極鄙夷，但對他的軍事才能，卻稱讚不已，謂「曹操智計殊絕於人，其用兵也，髣髴孫（孫武）吳（吳起）」。

搶佔漢中
被提上日程

曹操取得了渭南大捷，迅速佔領了關中的大部分地區。馬超、韓遂兵敗，只好向西逃返涼州老巢。這樣，曹操的勢力，囊括了關東和關西，北抵邊塞，東至遼東，西達涼州，幾乎掌控了整個中國的北方，佔半壁江山，勢力更見穩固。

213 年，在涼州的馬超，為報曹操處死在鄴城的父親馬騰和一門家屬之仇，糾集羌、胡等部落，襲擊隴右（今甘肅及青海東北部一帶），與曹軍的夏侯淵和張部，往復戰鬥，終於失利，帶着堂弟馬岱投奔漢中的張魯。

自 211 年到 214 年間的四年間，曹操征服了關中隴右，但並無乘機南下征伐漢中的張魯。主要因為外有孫吳軍事的緊張，內有朝廷的不穩，分身乏術。但 214 年劉備取得益州，已形成鼎立之勢，曹、劉、孫三家明白，只要其中一家形勢有變，就會影響到其餘的二家。劉備佔據了益州，曹操征伐張魯搶佔漢中，就變得刻不容緩了。

張魯的祖父是張陵，是「五斗米道」的始創人，父張衡在黃巾之亂時，亦曾在漢中起事，聲勢頗大。後朝廷招封他為鎮民中郎將兼領漢寧太守，自此張氏一直佔據着漢中。益州劉焉在世時，張魯與之保持和平共處的關係。自劉璋接任，川漢之間卻勢成水火。

曹軍大敗
張魯部隊

215 年曹操出兵征張魯。三月，抵陳倉（今陝西寶雞東）。四月，自陳倉出散關（今陝西寶雞市南），五月經武都河池（今甘肅微縣西），消滅了氐王竇茂。七月，抵達漢中地區的陽平關（今陝西勉縣西北）。這個時候，形勢對曹操非常有利。因為 214 年前後，夏侯淵掃平了關隴韓遂等勢力，渡黃河北上湟中（今青海東北部），降服了河西諸羌；重新劃定郡域，設立了雍州（由今陝西中部一直到隴西）。曹操征伐漢中張魯，已無後顧之憂。

| 曹操攻佔關中簡表 |

地區	主要戰役	日期	曹軍將領	敵軍將領
關中	潼關之戰	211 年三月至九月	**曹操** 👑 夏侯淵、許褚、徐晃、朱靈、賈詡、曹洪、曹仁、張郃	**馬超、韓遂** 👑 楊秋、侯選、程銀、成宜、李堪、張橫、梁興、馬玩
涼州隴西	冀城之圍	212 至 213 年正月至八月	**韋康** 👑 楊阜、楊岳、閻溫、夏侯淵、漢陽太守	**馬超** 👑 楊昂
	鹵城之戰	213 年九月	**楊阜、姜敍** 👑 趙昂、尹奉、李俊	**馬超** 👑 馬岱、龐德
關西	顯親之戰	214 年正月	**夏侯淵** 👑	**韓遂** 👑
	興國之戰	214 年二月至九月	**夏侯淵** 👑	**阿貴、楊千萬** 👑
	討伐宋建	214 年十月	**夏侯淵** 👑 張郃、張既、閻行	**宋建** 👑 韓遂
漢中	氐人戰爭	215 年三月至五月	**曹操** 👑 張郃、朱靈	**竇茂** 👑 韓遂
	陽平關之戰	215 年七月	**曹操** 👑 解颺、高祚、夏侯惇、夏侯淵、許褚、張郃、朱靈、辛毗、劉曄	**張魯** 👑 張衛、楊昂、程銀、侯選、龐德

· 陳倉道入口

概述	戰果
三月至六月，關中各軍閥組成聯軍與曹軍於潼關對峙。七月至九月，曹操與聯軍發生數起交戰，始終以逸待勞。九月，曹操用離間計分化馬超與韓遂，並在會戰中大敗聯軍。	曹操大勝，關中軍閥瓦解，實際控制關中。馬超、韓遂、梁興潰逃至涼州。侯選、程銀投靠張魯。
馬超逃至涼州，聯合胡人與張魯攻佔除冀城以外的隴西地區，於213年正月至八月包圍冀城。由於求援失敗，涼州刺史韋康決定投降馬超。	夏侯淵的援軍被馬超打敗，馬超成功奪取冀城，完全控制隴西。涼州刺史韋康與漢陽太守被殺。氐王楊千萬與馬超結盟。
楊阜聯絡韋康舊部姜敘，及冀城心有不滿之人為內應，發動兵變。	馬超被趕出冀城，帶同馬岱、龐德逃奔張魯；失去對隴西的控制，以後對涼州的軍事行動均告失敗。
夏侯淵聽聞韓遂佔據顯親，親自出擊。韓遂逃到略陽，被夏侯淵擊敗。	韓遂在涼州的勢力萎縮，更為依賴氐人、羌人的力量，手下更開始懷有異心。韓遂女婿閻行叛投夏侯淵。韓遂逃至羌氐部落尋求保護。
韓遂逃跑後，夏侯淵乘勝攻擊興國。大破興國氐王阿貴、百項氐王楊千萬。夏侯淵轉戰高平、屠各。大勝，收繳大量物資與降兵。	阿貴部落被攻滅。楊千萬投靠馬超。
夏侯淵從自興國出兵圍攻枹罕，一月餘攻破枹罕，殺宋建。	河西諸羌部落全部投降。隴右的氐、羌部落勢力大為衰退。隴右地區大致平定。
215年三月，曹操入武都氐人部落征張魯。215年五月，氐王竇茂戰敗被殺。韓遂逃至金城，被金城將領所殺。	漢中一帶的氐、羌部落勢力衰退，韓遂勢力完全瓦解。涼州再無足以威脅曹操的軍閥勢力。
張魯之弟張衛試圖以陽平關阻擋曹操事敗。張魯退至巴中，曹操派人安撫張魯，張魯決定投降。	曹操控制漢中。張魯、張衛、程銀、侯選、龐德投降曹操。

♛ ：主帥

在漢中，曹操軍與張魯軍展開一連串的戰鬥。在一場誤打誤撞的戰事中，曹軍大敗張魯部隊。事情是曹操兵抵陽平，張魯傳弟張衞與將軍楊昂據守陽平關，且橫山築城 10 餘里。曹操屢攻不下，擬退兵並遣夏侯淳、許褚，呼山上兵士撤還，但前軍以夜迷路，誤入張衞別營，張衞營中大驚退散。曹軍乘險夜襲而大破張魯軍，張衞等乘夜遁走，張魯潰敗走巴中。但巴、賓的地方首領朴胡、杜濩和袁約等各率眾降曹，曹操分任三人為巴東（今嘉陵江上游）、巴西和巴郡太守。張魯在十一月，拒劉備之招綏而應曹操的招降。曹操拜張魯為鎮南將軍、閬中侯。曹操既佔漢中，順勢深入三巴地區。曹操以夏侯淵為督護將軍，張部、徐晃為將軍駐守漢中，自己班師回鄴城。

在曹操征伐漢中的期間，劉備正與孫權爭奪荊州，雙方都做好軍事部署，劍拔弩張，戰爭已一觸即發。劉備聽聞曹操出兵漢中，立刻與孫權講和，以湘水為界，重新劃定劉、孫的勢力範圍。劉備也迅速回師，趕返益州，215 年回到了江州（今重慶）。曹操駐軍在南鄭時，丞相主薄司馬懿和謀士劉曄都曾建議曹操，乘劉備剛取得巴蜀，人心仍未歸附、立足未穩，揮軍南攻劉備。建議不為曹操所接納，曹操引用東漢劉秀的說話，反其意說，「人苦不無知足，既平隴，復望蜀」。這是曹操清楚蜀地的阻隔，征討不易，尤其後勤運輸的困難。

重點在
淮南部署攻防線

另一方面，孫權之在淮南，關羽之在荊州，兩者虎視眈眈，蠢蠢欲動。加上朝廷內部出現不穩的憂患，如貿然討伐川蜀，有深陷泥沼之虞。權衡利害，所以調派原駐守長安的夏侯淵把守漢中，自己則返回鄴城。

曹操佔領了漢中，勢力並深入三巴。劉備方面是很擔憂的。劉備大將黃權就向劉備說，「若失漢中，則三巴不振，此為割蜀之股臂也」。劉備遂派黃權北上迎接敗走的張魯，但張魯已降曹操，用黃權之計攻破巴東郡的朴胡、巴西郡的杜濩，控制了三巴。

漢中位居關隴與益州的中間地帶，形勢影響整個西部地區。對於曹操，佔有漢中，守可以作關、涼的屏障，進可以作為征伐益州的前沿。對於劉備，守可以捍衛益州，進可作為北討曹操的前沿。漢中對於曹操和劉備，就成了必爭

之地。曹操與劉備在漢中，展開了近四年的爭奪戰。曹操與張魯漢中之戰，所以得勝，有幾分意外的成分。曹、劉這對老對手，四年的漢中爭奪戰，過程相當跌宕曲折。結果，劉奪取了漢中，而曹被迫退出漢中。

這種結果，關乎局勢由曹、劉、孫的三強，發展成魏、蜀、吳的三國鼎立，是三國歷史上極其重要的戰爭。自從起兵以來，縱橫戰場幾近無往不利的曹操，先挫於滾滾長江的赤壁之戰，再挫於險阻蜀地的漢中之戰，終未能及身達成統一中國的企圖。不能否定的，從軍事形勢去看，作為當時天險的長江與險阻的蜀地，是曹操遭受挫敗的重要因素。

曹軍佔據了漢中，大將張郃時常率兵進逼巴地。劉備遂命令巴西太守張飛領軍進駐宕渠（今四川渠縣東北），以拒張郃。兩軍在宕渠對峙達 50 日，張飛設計引誘張郃率軍出間道，而大敗之。張郃只能率隨身數騎逃脫，僅以身免，張郃也只好退兵回南鄭。劉備在巴地的威脅得以解除。

淮南的合肥（今安徽合肥市）和廬江（今安徽廬江縣西南），是曹操對抗孫權的第一道防線，也是向南挺進的前線。所以曹操很重視加強這條防線和前線的各種軍事設施。赤壁之戰失敗北返不久的 209 年三月，曹操就在老家譙縣製造戰船，訓練水軍，並在淮南屯田備糧。又委派名將張遼、樂進和李典等人駐守合肥，可見曹操對淮南作為攻防線的部署的注重。

孫權率軍進攻合肥

赤壁之戰後的孫權，也積極拓展自己的勢力。他主要的軍事行動有三個方面：一、藉此喘息機會，加強剿滅境內屢屢叛亂為患的山越。剿滅境內山越的軍事行動，幾乎貫穿整個孫吳政權的統治時期，而孫吳的大將，大多經過征剿山越的軍事磨煉。從歷史發展而言，孫吳在開拓江南與討服地方割據部落，為中國江南地區的民族融和和漢化起過重要的作用。二、在西境，為爭奪荊州，與劉備不斷發生爭執和衝突。三、在西南方面，不斷向嶺南地區拓展，並將勢力伸展到交州地區。當然，對來自北面曹操的步步進逼，在軍事上孫權也是步步為營，甚至主動出擊。

赤壁之戰後，同年十二月，孫權就親自率領 10 萬大軍進攻合肥，結果，無功而退。211 年孫權將都城由京口（今江蘇鎮江市）遷到秣陵，依山而建成石頭城，並改秣陵為建業（今江蘇南京市）。在通往巢湖的濡須口（今安徽無為縣東）作水塢，以控制由巢湖到長江的通道。212 年十月曹操率 40 萬大軍大舉南下。213 年正月由張遼和臧霸指揮，進攻濡須口。孫權率領七萬士兵，以甘寧為先鋒應戰。經過兩個月互為攻防的纏鬥，僵持不下，曹操便撤軍北返。

張遼率兵
追殺孫權

214 年五月，孫權親自領兵攻克曹操江北的重鎮皖城，並任命呂蒙為廬江太守。同年七月，曹操又領兵南下親征，進駐合肥。不久聞報夏侯淵已佔領隴右，便轉向西征，謀求奪取漢中，留下了張遼、李典和樂進守合肥。

215 年八月曹操征服漢中張魯，孫權又率 10 萬大軍進攻合肥，合肥的曹軍只得 7000 守兵。張遼和李典乘孫權軍還未駐紮好營，率領精銳騎兵八百，衝擊孫權軍，大挫孫軍的銳氣。孫軍圍合肥城 10 多天，屢攻不下，只好撤軍。待孫軍撤退，趁孫權與少數部隊仍在逍遙津的北岸，張遼率兵追殺。幸得呂蒙和甘

· 合肥新城遺址鳥瞰

· 合肥新城遺址

寧迎戰，而凌統拚死保護，孫權才能在險死橫生中逃脫。這場合肥之戰，是三國名將張遼很出色的一場戰役。

　　216 年春，曹操佔領漢中不久，才回到鄴城。十月又出兵征伐孫權。217 年正月，曹操進軍居巢（今安徽巢湖市），二月進攻濡須口。呂蒙雖獲小勝，但終抵抗不住曹軍。孫權向曹操求和，而曹軍也開始爆發疾病，便同意休戰；曹孫並結雙重姻親之誼。三月曹操引軍北返，留夏侯惇等屯駐居巢；孫權則留周泰駐守濡須口，保持相持之勢。

　　由上面的簡單描述，可見 208 年赤壁之戰後的 10 年，曹、孫之間，幾乎年年互為討伐，重要戰事有七次之多。這 10 年間，曹操仍然視討伐孫權為最主要的軍事行動。這種戰略佈署是可以理解的，相對於其他的對手，如能剿滅孫吳，對統一全國的形勢是最為有利的，不是純粹為報赤壁之戰失敗之仇。

　　同時，赤壁之戰後的近 10 年，曹操連年不斷地向西、向南的兩路征戰。在西路取得了關西和涼州，據有漢中，戰績可喜。南路與孫吳兩方互為攻防，仍處於拉扯僵持的狀態，戰績不彰。這也反映了孫吳方面戰鬥力的強悍。局勢到此，曹、劉、孫的三方，已陷入相互對戰的局面。

劉備戰曹操
頻頻失利

在 215 年為荊州的歸屬而訴諸軍事行動的孫、劉兩方，因曹軍的進攻漢中而和談，且重新劃分荊州的勢力範圍，暫休對抗。215、216 和 217 年三年間，曹、吳之間則接連發生幾場大規模的攻防戰，爭持不下。217 年春，曹軍正與孫權發生濡須口之戰的時候，在許昌朝中的中少府耿紀，謀殺了曹操的丞相府長史王必，圖謀挾天子以攻魏鄴，並引關羽為援。劉備覷準這種情勢，毅然率軍北上，要與曹操爭奪漢中。

| 曹操討伐漢中路線圖 |

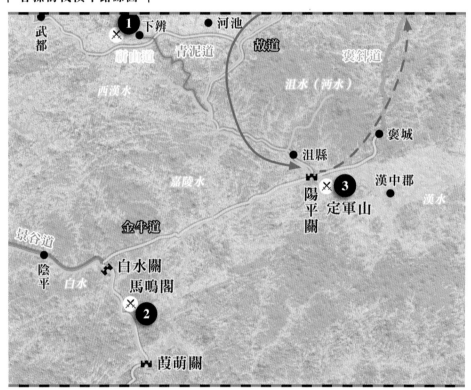

—— 曹操援軍　- - - 曹操退軍

❶ 218 年春，曹操令曹仁率軍攻打在下辨的吳蘭。吳蘭為曹仁所敗並殺害，張飛、馬超退走，武都為曹軍佔領；再往天蕩山進攻。

❷ 劉備駐軍在陽平關與曹軍對峙，再另遣將軍陳式率兵十營斷絕馬鳴閣道，與主力軍在漢中外圍，可惜陳式軍為曹軍徐晃所敗。

❸ 劉軍黃忠於定軍山斬殺夏侯淵，曹軍大敗，沿褒斜道退軍。

建安二十二年（217 年），劉備接受法正的獻策，留諸葛亮鎮守成都，自己以法正為謀士，並率領趙雲、黃忠和魏延等將領出兵漢中。由劉備率領的軍隊是主力軍，另又派張飛、馬超及吳蘭率軍入武都，屯於下辨（今甘肅成縣西），作為側軍出擊，以牽制關隴地區的曹軍。曹操遣曹仁和曹洪率兵迎戰在武都下辨的蜀軍。218 年春，曹操令曹仁率軍攻打在下辨的吳蘭，吳蘭為曹仁所敗並被殺害，張飛、馬超退走，武都也為曹軍佔領。

劉備親自率領的主軍，218 年四月屯在陽平關下，與夏侯淵、張郃和徐晃等在城外相拒。另遣將軍陳式率兵十營以斷絕馬鳴閣道。劉備爭漢中的戰略佈署是，自己率領的主力軍，正面攻打陽平關的曹軍，另安排兩側翼軍，以張飛等在西北的武都以牽制關隴的曹軍，以陳式在東南的馬鳴閣扼守漢蜀通道，牽制東面的曹軍在漢中外圍，一西一南互為犄角之勢。

可惜陳式軍也為徐晃所敗。曹操明確指出，「馬鳴閣道，漢中之險要咽喉。劉備欲斷絕內外，以取漢中。」對徐晃打敗陳式，大為讚賞。兩翼軍事的失利，劉備率領攻打陽平關的主力軍，承受着很大的軍事壓力。夏侯淵和徐晃在陽平關與劉備軍對峙的同時，張郃另屯兵於廣石（今勉縣西），屬漢中的東線佈防。其作用，在南可以抗衡在巴郡的張飛；在北，則可以拱衞秦嶺蜀道上兵糧的暢通。

內憂外患
分身乏術

在陽平關，劉備與曹軍相持了一年，沒有甚麼進展，僵持日子愈久，對蜀軍愈不利。劉備便急求諸葛亮發兵供糧，增援漢中。建安二十二年（217 年）春，曹操對外有與孫權的濡須口之役，在內，又發生了耿紀在許昌挾天子以攻魏鄴，無法分身。直到建安二十三年（218 年）七月，才率軍出征，九月到長安坐鎮並指揮。

建安二十四年（219 年）正月，劉軍遂南渡漢水，沿山而進，在勉縣東南的定軍山紮營安寨。夏侯淵恃勇率兵搶奪，為法正看準可擊的時機，建議劉備命令老將黃忠居高臨下，鼓噪衝殺。黃忠一馬當先，斬殺了夏侯淵，曹軍大敗。張郃只好率領敗軍，撤退到陽平關。這就是著名的定軍山之戰。夏侯淵死，張郃穩住亂軍，重作軍事部署，可見張郃是一個勇謀兼備的大將。

· 臨近褒河口的褒谷

· 石門復建

石門是世界最早人工開鑿的隧道，東漢永平六年至九年（63—66年）
三年間打通成隧道。因褒水儲水工程而漫沒，圖中石門按原址一比
一復建。石門位於褒谷口褒河西岸。石門原有在中國書法史大大有
名的碑刻《石門頌》和《石門銘》摩崖。《石門頌》摩崖為東漢恒
帝建和二年（148年）所刻，《石門銘》為北魏時刻。因建石門水庫，
《石門頌》摩崖刻石保存在漢中市博物館。

曹操知道漢中戰事不利，率兵由長安出斜谷，經褒水口，趕到陽平關。面對老對手曹操的到來，劉備於漢中採取「斂眾拒險，終不交鋒」的戰術。這樣相方相峙了一個多月，曹軍逃兵日多，曹操也考慮蜀道糧草運輸困難，恐難以為繼，五月放棄漢中，撤兵回長安。撤軍之前，曹操出令為「雞肋」，而惹來主簿楊修棄之可惜的撤軍預測。

・曹操題字「袞雪」（原拓）

這段的褒河谷，兩側懸崖高聳，狹窄曲折，河水奔騰湍急，飛濺翻騰，有如雪花滾動，曹操遊此，便題上此「袞雪」兩字。「袞雪」兩字為隸書，字徑 45 厘米，字後署「魏王」兩字，刻於褒河水上的大石上。袞雪石刻現移放在漢中市博物館。曹操擅書法，今傳世可睹曹操書法的僅此一件。曹操此件書法不僅是重要歷史史迹，在書法史上亦很重要的。

劉備漢中稱王

　　劉備佔領了漢中後，令劉封順漢水東下，攻克了上庸（今湖北竹山縣西南），再令孟達從秭歸北攻漢中東部的房陵（今湖北房縣）。順利奪得了東三郡（西城郡、上庸郡、房陵郡），劉備便以劉封和孟達統兵駐紮在三郡。此時蜀漢勢力大增，可以說是劉備自起事以來，形勢最好、勢力最大的時候。奪得橫越千里漢中的戰略要地，不僅達成「兼有荊益」，因據有漢中，既保障了益州，又據此為基地，隔秦嶺而直迫關、隴的曹魏。另外，蜀漢開通了由漢中通向中原和荊楚的道路，形成了極有利的軍事形勢，蜀軍藉此通路，可順漢水而下，經三郡而抵襄樊，與荊州聯成犄角。但是，東三郡和關羽在荊州之間的聯繫，還隔着一個襄陽。或者因為漢中的勝利，而荊益通路因襄陽的阻隔，因此

引起在荊州的關羽，作出北伐襄南的軍事冒險。

　　七月，劉備在漢中稱王。劉備在漢中稱王，很具政治意義。一方面，由於曹操在建安二十一年（216 年）封為魏王，劉備的稱王，有以之抗衡的政治意義。另一方面，在漢中稱王，象徵繼承了漢高祖劉邦在漢中稱王，而終成帝業的軌跡。

・漢中古溪台望江樓

·劉備設壇稱漢中王處

劉備取得漢中後,以平西將軍馬超等 120 名文武大臣上表漢帝,推舉劉備為漢中王。於是在此設壇,「拜受印璽,御王冠」。劉備在漢中稱王,後在成都稱帝,國號漢,都明白宣示踐履漢高祖建國之足跡,繼兩漢之正統的政治意義。

·漢中之古漢台

古漢台相傳是公元前 206 年,項羽分封諸侯時,立劉邦為漢王時在漢中時駐驛的行宮遺址。漢中又稱「天漢」,漢高祖建國,遂以漢為國名,所以漢中是漢帝國的發祥地。古漢台今位於漢中市的中心地段,建在台地上,台地高八米。台上最具標誌性的建築是「望江樓」,可眺巴山和漢江,也是漢中市博物館所在。

曹、劉漢中之爭

《定軍山》和《空城計》，都是中國著名的傳統戲目，其內容和情節，乃根據《三國演義》改編而成的。如謂《定軍山》的劇情，是一種增飾，而《空城計》是張冠李戴了。不過，這兩段出於《三國演義》的情節，在曹操與劉備爭奪漢中的歷史中，實有其事，過程也驚心動魄。所以《三國演義》才會作重點的描寫，再被改編成動人的劇目。

巴山山脈

仰天窪

· 從定軍山上俯瞰仰天窪

曹操佔了漢中後，在漢中佈置大將徐晃，輔助夏侯淵鎮守陽平關。蕩寇將軍張郃駐軍廣石（今勉縣西），夏侯尚、夏侯德與韓浩率部駐守天蕩山。夏侯淵將大軍屯住在定軍山南側的仰天窪。

・夏侯淵定軍山的大營遺址

夏侯淵定軍山的大營，打造得非常牢固，並且營外放置重重鹿角。張部守備於鹿角東圍，夏侯淵自守南圍。劉備屢屢破壞鹿角，又數次強攻張部，迫使張部親自搏戰。雖然劉備不能攻克，但時令夏侯淵要分兵支援。由於劉備在降山，居高臨下，對夏侯淵的軍事行動看得清楚。趁夏侯淵正在搶修鹿角，法正急令黃忠趁勢突襲。夏侯淵應戰，匆忙之下被黃忠斬殺。主帥陣亡，曹營大亂，劉備乘勢擊破了定軍山大營。

・定軍山制高點降山

建安二十四年（219 年）正月，劉備按法正的建議：「自陽平南渡沔水，緣山稍前，於定軍山勢作營。」（《三國志・蜀書二・先主傳》）這樣的軍事行動，可以步步為營進逼夏侯淵，吸引住魏軍的主力。另一方面，討虜將軍黃忠和揚武將軍法正，率領精銳偷襲了定軍山的制高點降山，形成了陽平關的側翼，更重要的是這裏可以居高觀察仰天窪中夏侯淵的中軍帳的部署。對此，奪回降山成為了夏侯淵必須完成的任務。

· 從定軍山北望

從定軍山北望，近景是漢中盆地，遠處是秦嶺勉縣南緣群山，中間偏左的大山是天蕩山。

· 從秦嶺南緣南望勉縣和巴山

· **天蕩山南看漢中盆地西緣**
在天蕩山向南遠望巴山，中間是有漢水滋潤肥沃的
漢中盆地。

‧陽平關城門

北秦嶺

陽平關

沮水

・河右邊是秦嶺，左邊是巴山。

東漢水

・勉縣陽平關全貌

陽平關城的左邊是秦嶺，右邊的河流是東漢水，因上游築了堤壩，壩下流水較乾涸。左邊下方是沮水，流入漢水。

張冠李戴的
空城計

「諸葛亮的空城計」無人不曉，可是這故事卻是《三國演義》的張冠李戴。歷史是這樣的，劉備在 217 年率主力搶奪漢中，隨行軍師是法正，將軍是趙雲和黃忠等。在定軍山老將黃忠斬殺曹軍主帥夏侯淵，曹操聞此消息，親自率兵，由斜谷出褒谷，與劉備相持於陽平關。劉備雖然採取「斂眾拒險，終不交鋒」的戰術，但雙方仍有小規模的戰役。

一次，曹軍運米至北山，有數千萬囊，黃忠領兵去奪取，趙雲也隨黃忠出兵。黃忠過了約定的時間未還，趙雲率數十騎輕兵出營寨，去視察和迎接黃忠等。路上趙雲遇上曹操前鋒部隊，遭到襲擊。交戰中，曹操大軍殺到，形勢險惡。趙雲向前衝擊曹軍陣，且戰且退。曹軍雖受衝擊但不久集攏，趙雲陷於敵人包圍，幾經辛苦終於返回營地。隨騎張著受創，趙雲再馳馬營救張著。曹操所率大軍追至營地，在營地的沔陽長張翼，擬閉門拒守。但是，趙雲進了營地，大開營門，偃息旗鼓。曹操懷疑趙雲有伏兵，遂引軍退。此時趙雲軍雷鼓震天，在曹軍後面以弓弩射擊。曹軍驚駭，自相踐踏，墮漢水而死者甚多。次晨劉備來到趙雲軍營視察昨日戰鬥的地方，說「子龍一身都是膽也」。（《三國志·蜀書六·趙雲傳》）並作樂飲宴到黃昏，軍中號稱趙雲是「虎威將軍」。

趙雲與曹軍戰鬥的北山，就是今日的天蕩山，在勉縣的黃家溝村，因位於陽平關的北側，所以稱為北山。諸葛亮在《後出師表》多次說到曹操兵敗北山，就是這裏。西漢名將韓信的暗渡陳倉夜間過北山，舉火而進，遠望如火龍蜿蜒而上，所以民間又稱天燈山。後為紀念趙子龍此戰，當地遂稱為天蕩山。在當地天燈山和天蕩山發音是一樣的，歷史地名同音異名的情況是常有的。

·孔明空城計畫像

勉縣馬超墓

公元 221 年，劉備稱帝後，升馬超為驃騎將軍，領涼州牧，鎮守陽平關（今勉縣老城）。公元 222 年，馬超 47 歲病逝，安葬在此。公元 227 年，諸葛亮上表北伐曹魏，經馬超墓，令其弟馬岱掛孝，亮親詣墓致祭，激勵三軍將士化悲痛為力量。墓的格局與磚石均屬漢式，且與史書記載相符，史學界亦無異議。馬超墓為漢制覆斗型，周長 90 米，塚高 8 米，甚為壯觀。有墓碑二通，一在墓前，一在祠前今 108 國道旁，內容皆同，上刻隸書「漢征西將軍馬公超墓」，為清乾隆（公元 1776 年）兵部侍郎兼副都御史、陝西巡撫畢沅所書。

馬超（176—222 年），字孟起，扶風茂陵人，少年已隨父馬騰起兵西涼，聰慧英武，勇武善戰。封為偏將軍，都亭侯。建安十三年（208 年）其父被曹操征調入朝任衞尉，留超在西涼統領部曲。211 年攻漢中，馬超知曹操目的在圖己，遂有「渭河之役」。次年父馬騰及全家為曹操殺害。超自稱征西將軍，棄漢中投奔劉備，協同進攻成都。封平西將軍，定軍山之役奪取漢中，超領銜上表，奉為劉備稱漢中王。蜀漢立國，超為驃騎將軍、涼州牧。章武三年（222 年）馬超病死於陽平關任所，享年僅 47 歲。

| 馬超簡略年表 |

年份（公元）	年齡	事件
176 年	1 歲	出生於涼州右扶風茂陵。
197 年	22 歲	成為韓遂麾下閻行的部下。
202 年	27 歲	隨父親馬騰率兵支援鍾繇，擊殺袁氏將領郭援、敗高幹於平陽。
208 年	33 歲	馬騰出仕朝廷為衛尉。超為偏將軍，並執掌其兵馬。
211 年	36 歲	與韓遂共 10 部叛反曹操，屯守潼關。曹操大破馬超，超奔走涼州。
212 年	37 歲	曾奪冀城，旋被投降將領發動兵變。終失去隴西，投靠漢中的張魯。
214 年	39 歲	劉備成功奪取西川，劉璋投降。超因受張魯猜忌，暗地歸順劉備。劉備封超為平西將軍。
219 年	44 歲	協助劉備在漢中之戰擊敗曹操。
221 年	46 歲	升遷驃騎將軍，領涼州牧。
222 年	47 歲	病死。

· 馬超墓

第四章

關羽攻襄

襄陽古城

敗頌麥城

3當孫權與曹操，在江淮地區相對峙，連年發動攻防戰的同時。入主蜀地的劉備與曹操，也展開了爭奪漢中的戰爭。劉、孫兩方，雖然大敵當前，表面維持聯盟的關係，但各有打算，也紛爭不斷，終於大動干戈。首先，荊州之於曹、劉、孫三家，都視之為南征北伐、西進東討必須據有的軍事重鎮。赤壁之戰後，荊州雖為三家分佔，只是暫時的局面。相互之間，虎視眈眈，無時不以奪取荊州為最重要的軍事目標。孫權之「借出荊州」，只是大敵當前的權宜之計，心不甘情不願。劉備佔了益州，勢力陡增。

孫權欲索還荊州

這種局面，對於孫權來說，形勢是不利的。一方面，懼怕劉備兼有益荊，據長江上游，對處於長江下游的孫權，造成威脅。另一方面，劉備的兼有荊益，無異斷絕孫吳實行「長江之極，以取天下」的遠圖。孫權圖三路北取天下，當前的現實是，西路益州既為劉備所佔，只剩下中路的荊、襄與東路的淮河兩線。純由東路，是無法遠圖的，因為東路是四戰之地，難於防守，不利進退。所以兩線中，奪取荊州，固定中線，關乎孫權政權存亡。劉備佔領漢中第二年的 215 年，孫權派諸葛瑾為使者，西上謁見劉備，要索還荊州。劉備便託詞要奪取西涼後，才能歸還以作推搪。

孫權交涉不成，竟不惜訴諸武力。委派一直主張奪回荊州的大將呂蒙率兵，先後奪取了由劉蜀佔領的長沙、桂陽和零陵三郡。劉備得悉消息，便親自率兵五萬，東下公安。並命關羽領兵入益陽（今湖南益陽市東），與呂蒙軍爭奪三郡。孫權也親自率軍駐紮陸口，命魯肅領兵到益陽，對抗關羽。雙方劍拔弩張，大戰一觸即發。

一直主張孫、劉聯盟的魯肅，不想出現不可收拾的破局，便約關羽談判。這就是人所周知的「關公單刀赴會」故事的由來。正在這時候，劉備得知曹操派夏侯淵和張郃，出兵漢中，便與孫權請和，商定以湘水為界，平分荊州。湘水以東的江夏、長沙和桂陽歸孫權；湘水以西的南郡、零陵和武陵歸劉備。其實，劉備所佔的三郡，其中南郡北部的襄陽和樊城，仍屬曹操所控制。所以劉備所佔的荊州地區，北面與東面，分別與曹、孫對峙，且地理壅促，經濟相對也較落後；而荊州又與益州山川阻隔，形勢最為不利。

建安二十四年（219 年）七月，劉備剛取得漢中，又攻佔了漢水的上游，迫近荊楚的上庸，遂稱王漢中，為「漢中王」。或者基於此種形勢，關羽毅然由江陵揮軍北上，要奪取曹仁駐守的襄陽和樊城。關羽這次的軍事行動，事先似乎未與在益州的劉備和諸葛亮作過溝通，是一次單獨行動的軍事冒險。曹操對關羽駐荊州，一直心存顧忌，委派多名大將，重兵駐守襄、樊。為加重防範，又派徐晃屯兵於襄、樊以北的宛城（今河南南陽）。曹操獲悉關羽進攻襄、樊的消息，再派于禁領兵，會同龐德，駐紮在樊城以北作協防。可見曹操對這南北軍事要道防備之嚴，以及對關羽的重視。

孫吳奪荊州圖

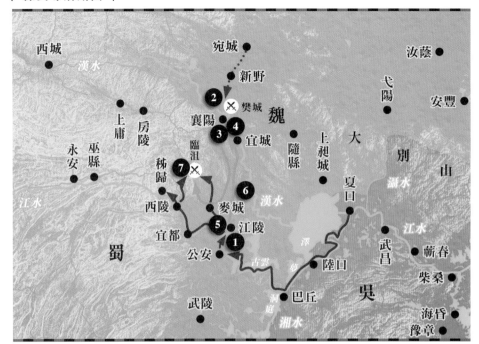

—— 關羽路線   ▨ 蜀國勢力

—— 徐晃增援線路   ▨ 曹魏勢力

—— 東吳偷襲線路   ▨ 孫吳勢力

① 關羽由江陵揮軍北上，要奪取曹仁駐守的襄陽和樊城。
② 曹操派徐晃屯兵於襄、樊以北的宛城，再派于禁領兵，會同龐德，駐紮在樊城以北作協防。
③ 關羽率水軍攻擊襄樊，降于禁，殺龐德；圍困曹仁於樊城和呂常於襄陽。
④ 徐晃援軍抵達襄樊，曹操也親自南下。
⑤ 孫權率軍沿江西上，一舉攻克了江陵、公安，降服江陵的軍民。
⑥ 關羽前後被夾攻，回救江陵也不成，只好退守麥城。
⑦ 關羽孤立無援，突圍後，在漳鄉為孫權將軍潘璋擒獲被殺。

八月，乘半月大雨連連，關羽率水軍攻擊襄樊，降于禁，殺龐德，這就是《三國演義》「水淹七軍」的著名故事；又分別圍困曹仁於樊城和呂常於襄陽。曹軍有城破之險，周圍地方也出現叛降，甚至曹操的老巢許昌以南的地區，不少地方紛紛響應關羽。關羽軍威，一時「威震華夏」，以至曹操曾一度考慮遷許都北過黃河，以避其鋒。在此緊要的關頭，徐晃援軍抵達襄樊，曹操也親自南下，駐軍於摩陂（今河南郟縣）。這場至關重要的戰役，讓曹方扭轉局面的，不是運用軍事奇策，而是運用了縱橫捭闔的外交手段。這種縱橫捭闔的外交手段，也讓我們認識到所謂戰爭，除軍事上的戰略和戰術外，與戰事配合的外交的運用的重要。

誘使孫權
包抄關羽

曹操在司馬懿和蔣濟的建議下，誘允割江南之地予孫權，要他從後襲擊關羽。孫權和屬下將領，對關羽據有荊州，而且素來態度驕傲，早生不滿；如今關羽「威震華夏」的軍勢，更令孫權不安，所以答應了曹操的建議。自從魯肅死後、繼其位主持孫吳軍事的呂蒙，以及後起之秀的陸遜，設計迷惑關羽和關羽的守軍。孫權自己率軍沿江西上，一舉攻克了江陵（今湖北江陵）、公安（今湖北公安南），降服江陵的軍民。關羽前後被夾攻，回救江陵也不成，只好退守麥城（湖北當陽市東南）。219年十二月，關羽終於因孤立無援，突圍後，在漳鄉（今湖北市當陽縣西）中伏，為孫權將軍潘璋擒獲殺死，時年剛滿60歲。

・關羽墓冢、祭亭

麥城關羽墓冢始建於東漢建安二十四年（219 年）十二月，是埋葬關羽正身之地。祭亭始建於南宋淳熙十五年（1188 年），歷代皆有修建。

・「關羽敗走麥城」的麥城今貌

關羽
文武雙兼

關羽這次對襄樊的突襲性的軍事行動，由出兵到戰敗，都是孤軍作戰，蜀地在軍事上全無部署和配合。成為這段歷史的一個公案，至今不解，也引起後人多番忖測。何解由關羽的軍勢如虹，到兩面受敵，劉備都未曾派兵助戰？其間可忖測的空間太大了，一些無憑證推測性的放言，實無補對歷史的理解，徒逞口舌之快。事後作歷史的檢討，以關羽的孤軍一人，而要抵抗戰將及謀士如雲的曹、孫兩方，實少勝算。

關羽是三國公認「萬人敵」的虎將，「好《左氏傳》，諷誦略皆上口」（《三國志‧蜀書六‧關羽傳》），不是一介勇夫。他修文習史，算得上是文武全兼的將帥型人物。故此，劉備入蜀，以諸葛亮和關羽留守荊州這僅有的大本營。後來諸葛亮率眾將入蜀支援，亦僅留關羽獨自鎮守，可見責任之重，也反映了劉備和諸葛亮，對關羽文武兼備的能力的信任。

《左傳》是記載春秋時代的歷史經典，又是文學名著，也是兩漢三國時，人們重要的修習的典籍，《左傳》內容是歷史，宏旨在褒揚忠義。對《左傳》朗朗上口的關羽，不僅修習古代歷史，相信其「褒揚忠義」的精神，對被譽為「義薄雲天」的關羽，人格塑造上，起過重大的影響。但關羽在性格上卻存着嚴重的缺點──剛愎而自矜。他一生行事而為人詬病的，多出於性格上的剛愎而自矜；他終至兵敗身殞，也可歸咎於這性格。閱世識人多了，就明白人之得失成敗，來自性格的影響大矣！

孫權這次因叛吳蜀之盟，而襲取得荊州之地。曹操假孫權之手，解除了關羽來勢洶洶的威脅。劉備卻失去荊州，關羽殞命，損失是巨大。失去鎮守一方的「萬人敵」的關羽，丟掉「兼荊益」的戰略部署，從此以後，劉蜀再無法實踐諸葛亮制定的東線出荊州，西線出秦嶺的二路北伐的戰略。留給諸葛亮北伐曹魏的使命，只能侷促於蜀漢一地，局限於出關隴一路，其艱難可知。從共同對付強敵曹魏的角度，孫吳其實也得不償失，大大影響了孫、劉日後經營天下的格局。

次年 220 年，曹操死於洛陽，曹丕嗣位，不久稱帝，建國號魏，定都洛陽，東漢正式滅亡。稍後，劉備也稱帝，建國蜀漢，定都成都。孫權稱臣於魏，被封為吳王，定都於武昌。至此進入以魏、蜀、吳三國為號的鼎立新局面。

曹操故鄉
譙縣古城

東漢豫州的治所在譙（又稱亳、沛國），是曹操、曹真及夏侯淵和華佗等人物的故鄉，淮河最大的支流渦河在亳州城流過。曹操出生和成長於譙，20歲在鄉舉孝廉。25歲（179年），因受堂妹夫的株連，回鄉避禍，並在此娶了卞氏為妾，卞氏是曹丕和曹植的生母。

曹操33歲辭官後曾返鄉隱居。202年，曹操擊敗了袁紹後，帶着軍隊凱旋回鄉，並頒佈了著名的《軍譙令》（《三國志·魏書一·武帝紀》）：

吾起義兵，為天下除暴亂。舊土人民，死喪略盡，國中終日行，不見所識，使吾悽愴傷懷。其舉義兵已來，將士絕無後者，求其親戚以後之，授上田，官給耕牛，置學師以教之。為存者立廟，使祀其先人。魂而有靈，吾百年之後何恨哉！

曹操在老家發佈此令，是理解曹操和三國歷史極之重要的資料。

一、東漢末三國時期，死亡人數極多。社會戰亂，生靈塗炭。中原人口大量減少，史不絕書。《蔣濟傳》就有「今雖有十二州，至於民數，不過漢時一大郡」。人口劇減，這是日後所以出現「五胡亂華」的一個很重要原因。《軍譙令》載曹操說出其老家民眾「死喪略盡」，是自身目睹的情況。

二、東漢末和三國時代，軍隊都成了私人的。既屬私兵，最容易號召和信任本土人和家族中人。曹操起兵時的軍隊，多是親戚、宗族和鄉親，有濃厚的鄉土和宗族的觀念。

三、曹操戰勝了袁紹，稱雄北方，勢力穩定，所以回到了老家，會安撫人心，作出一連串保障鄉人的措施。由此也反映了曹操是非常懂得政治操作的政治家。

建安十三年（208 年）赤壁戰後，曹操由襄陽北返，曾經過譙。同年十二月，孫權率軍圍困合肥。209 年三月，曹操親率大軍至譙，孫權因圍攻合肥城，日久不下，燒圍退走。曹在譙「作輕舟，治水軍」。七月，曹操引水軍自渦入淮，出肥水，屯軍於合肥，開芍陂（今安徽壽縣）屯田，另屯田淮南。曹操舟船進入了淮河口，泊於東山，曹操雅興大作，命隨行的曹丕和王粲同作《浮淮賦》。曹丕在所撰賦的序中，說「建安十四年，王師自譙東征，大興水運，泛舟萬艘」。王粲賦則有「背渦浦之曲流兮，望馬邱之高澨。……鉦鼓若雷，旌旄翳日」。

曹操十二月再回到譙。可見曹操到譙，再到合肥，是一項重大的軍事部署。打造大規模的水軍，打通了渦河、淮河和肥水一線水路，將譙、合肥和壽州諸城，聯成一道軍事防線，在芍陂和淮南屯田保證軍隊糧餉。曹操此次南下，逗留達九個月，經營淮河一線對抗孫吳的軍事意圖是明顯的。由赤壁之戰及其後在譙，一批隨軍文人，沿途與曹氏父子詩文唱和，隱然開出一代「軍旅文學」之盛，也是其後「鄴城建安文學」的先聲。有學者特別考究曹、孫在江淮地區與建安戰爭文學在建安文學中的重要性。（參考吳懷東《三曹與魏晉文學研究》）

建安二十一年（216 年）二月，曹操進位魏王。冬十月，南下征孫權，十一月至譙。217 年正月，曹操軍於居巢，二月進攻拒守於濡須口的孫權，孫權退走。三月，曹操留夏侯惇、曹仁、張遼等屯居巢，自己引軍北返。216 年十一月在譙，是曹操最後一次回老家，並合家回鄉。曹丕等人都留下詩文記頌其事，大有富貴還鄉的味道。曹丕稱帝後，封其出生地譙為陪都之一，曹家的故土觀念是濃厚的。

曹操軍旅文學大放異彩

曹操、曹丕父子與王粲在行軍入渦河和淮河時，沿途詩詞答唱，留下了第一手的軍旅資料。曹操在歷史上的地位和評價，自古以來，眾說紛紜，雖在今日亦難有定評，相信日後仍然是一個最具爭議性的歷史人物。不過，曹操在文學上的成就，是可以定評的了。史學家趙翼指出，「創業之君兼擅才學，曹魏父子固已曠絕百代」。又如杜甫所說，「英雄割據雖已矣，文采風流今尚存」。曹氏父子在文學史上，都留下了傳世千古的作品。

曹操是三國時代建安文學的奠基者和最重要的代表。建安文學在中國文學發展歷史上佔着很重要的地位。建安文學的文人，都置身於社會和戰爭的紛亂，文學精神講求「慷慨悲歌」，能文能武是三國英雄時代的基調。曹操橫槊賦詩的文學形象，正是英雄的「慷慨悲歌」。一眾建安文人常追隨曹操四出征伐，在軍旅中時有賦詩唱酬。在入渦淮、赤壁戰、征高幹、征遼東及征漢中等征途中，都留下不少珍貴的征戰文學作品。

這些征戰文學，一方面是最直接反映了戰爭過程中作者的情懷和情緒，另一方面，中國的歷史，很少詳細記載和描述戰爭的過程和具體情況。歷代雖不乏邊塞文學作品，但皆為個人的感受，不像曹氏父子和建安文學家一眾的唱和。不同於一般的邊塞文學和戰爭文學，曹操帶動起來的「軍旅文學」，在中國文學史上很罕見，也分外彌足珍貴。

・正陽關

正陽關是淮水、潁水及淠水交匯之地，早在東周中期已有雛型，古名羊市。劉備在此處屯建營壘，後成為正陽關，商業繁盛，為控制淮河流域水運的重要關口。宋金時期成為邊界貿易的重鎮。

・安徽壽縣古城北門

袁術在壽春稱帝，三國時期壽春是曹魏和孫吳長期對峙的軍事重鎮，亦是淮河長江水道的門戶。壽春為淮南郡和揚州的治所，北瀕淮河，南靠大別山，既是南北交通要衝，也是兵家必爭之地。戰國末年楚烈王遷都於此，稱郢，秦改為壽春，為九江郡治所。由於歷史上淮河時常泛濫，壽春城牆具有防禦兼防洪的雙重需求，目前城牆是宋代的。

合肥城教弩台

合肥市是現今安徽的省會。據淮河,南望長江,地處東肥河與南肥河的交匯處。三國時代是魏吳江淮千里防線的最重要的攻防點,這裏曾發生過魏吳多場重要戰役。為準備與善於水戰的吳國作戰,曹操曾築高台訓練強弩手 500 人,以禦吳國水師,後人稱此台為教弩台或曹操點將台。台高五米,佔地約 4000 平方米,圍以青磚。

・合肥城的曹操教弩台

古逍遙津

逍遙津在今合肥市市區東北隅的逍遙津公園，曹操名將張遼以七千守兵，對抗孫權親率十萬大軍攻合肥城。張遼趁吳軍陣腳未穩，率八百勇士出擊偷襲吳營。吳營被偷襲而大亂，孫權撤軍，走到逍遙津，又為張遼率領精兵追至圍攻，並拆掉了津口渡河橋，孫權得大將死命抵住張遼，揮鞭策馬，躍飛河水，才保住性命。

在逍遙津公園東北隅，其後有一亭，是張遼衣冠冢。孫權十萬大軍圍攻合肥城（古廬州），時守城的魏將是張遼、典韋和樂進，敵眾我寡，形勢危急。張遼挑選了 800 人，組成敢死隊，夜襲孫權駐紮的大本營，大敗吳軍。孫權軍撤退，又遭到張遼的追擊，危急中孫權策馬騰空越過逍遙津橋，再得手下大將死命掩護，才死裏逃生。逍遙津位於古合肥城東兩公里，津水與合肥水的交匯處，古逍遙津原是一古渡口。如今已成為「逍遙津公園」。當然無復當年戰場模樣。不過公園東側有「飛騎橋」遺址，相傳是孫權為曹軍緊追，躍馬脫險的地方。

· 逍遙津公園門口

· 逍遙津公園雕像

逍遙津公園內有雕像，相傳是孫權躍馬的河橋遺址。千年悠悠，
滄海桑田，仍有遺址可供憑弔，戰況之慘烈，只能留着想像。

· 逍遙津公園張遼雕像

· 逍遙津公園
古逍遙津現已闢為逍遙津公園。

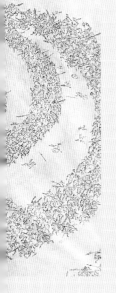

· 張遼大戰孫權 董培新 繪畫

張遼，字文遠，三國時期曹魏五子良將之首，220 年被封為前將軍。215 年，
張遼鎮守合肥，以七千人大敗孫權親率十萬大軍，幾乎生擒孫權。

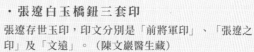

· 張遼白玉橋鈕三套印

張遼存世玉印，印文分別是「前將軍印」、「張遼之
印」及「文遠」。（陳文巖醫生藏）

第五章

火燒夷陵

劉備病逝

3 建安二十四年（219 年），孫權奪取了荊州，殺害了關羽。翌年十月，曹丕篡漢建魏，自立為帝，號文帝。又次年（221 年）四月，劉備在川蜀稱帝，以繼承兩漢，所以國號稱「漢」，標示正統，史稱「蜀漢」。劉備稱帝僅三個月後的七月，就率四萬大軍伐吳。這是三國著名孫、劉之間的「夷陵之戰」，又稱「猇亭之戰」。

劉備這樣急不及待地出兵東征孫吳，史評說劉備是「忿孫權之襲關羽」。古今不少論史者，也認為劉備這次出兵，是忿兵，是感情用事。若留意這兩三年間的局勢變化，我們雖不能否定劉備是次出兵，大舉征伐孫吳，不無要報義如兄弟的關羽被殺之仇，出兵的時機也顯得有些鹵莽。[註1] 不過，如果考察一下當時劉蜀所處的形勢，也許會了解劉備所以興兵的動機。

立國後
揚漢統顯聲威

劉備雖然打敗曹操，取得漢中，卻丟失了荊州。從全國的局勢看，仍無改劉蜀困扼於西南蜀漢一隅的形勢，格局蹙促，無從貫徹《隆中對》所制定的，以西、中兩路同時並舉的北伐戰略。戰略之為戰略，必須有舒展的空間，有周旋的餘地。只憑單一進攻路線，且以弱攻強，其艱難不言而喻。要重新奪回荊州之地，相信是劉備一直的盤算，也是諸葛亮的願望。諸葛亮沒有堅決反對劉備之用兵孫吳，可能的理由也在此。在諸葛亮計算中，劉備出兵雖然未必能勝，至少不會大敗。

時機上，相信劉備覺得已具備了出兵的條件。曹操死後，曹丕篡漢立魏，一時自顧不下，不像 215 年，劉備出川與孫吳爭荊州時，曹操率兵入漢中，會威脅到益州。劉備入川後，內部經多年的整頓，政局和經濟已趨穩定。在心理上，劉備既稱帝立國，也要揚漢統顯聲威。

聽聞劉蜀要大舉征伐，孫吳是恐慌的，曾多方面求和。從這種舉動，反映了孫權的襲取荊州，是出於機會主義。但在實際利益上，孫吳也卻毫無退讓之意，所以劉備也沒答應。這場戰役劉備的軍事對手是年輕的陸遜。入晉後，著名的文學家、深諳三國歷史、陸遜的孫子陸機，強調劉備這次東征的目的，「志報關羽之敗，圖收湘西之地（南郡、武陵和零陵）」（《辨亡論》），相信他的說法是有所本的。不過，就蜀漢方面，劉備發動的這場戰役，着實有不少令人迷惑不解的地方。

（註1） 明末清初四大啟蒙思想家之一王夫之認為劉備不顧一切攻打吳國，為關羽報仇是「毒民以逞，傷天地之心」。清末民初思想家章太炎提出，關羽之死是被劉備及諸葛亮所殺害，「不惜以荊州之全土假手於吳人」。兩位都是重要學者，一卻偏重哲學，一偏重文學，似未能從歷史形勢去考核去分析，而有此臆想之論。

戰略戰術
皆犯嚴重錯誤

首先，此次出征，在戰略和戰術的安排部署，劉備一意孤行。或是人老了，變得固執。對於出兵東征，在勢力仍以曹魏大佔上風的情況下，以戰爭破壞蜀、吳的同盟關係，在政治上是失算的。所以「群臣多諫」。尤其一生對劉備忠信親密的宿將趙雲，更堅決反對，並陳以大義，說「國賊是曹操，非孫權也。且先滅魏，則吳自服。……不應置魏，先與吳戰；兵勢一交，不得卒解也。」劉備竟「不聽，遂東征，留雲督江州」。從這段話再加上入川後，勸諫劉備不應分川宅地以酬功臣，再證之趙雲在關鍵時候一些隻言片語的歷史記載，趙雲是一位很有政治眼光和政治意識的將軍，遠非同時期的熊虎之將可比。從史載的蛛絲馬跡，諸葛亮比之劉備，更重視趙雲，雖則趙雲多次救護劉備父子於危難。諸葛亮似乎也不大同意此次的軍事行動，卻沒能制止，似有難言之隱。劉備這次東征除了調動義如兄弟的大將張飛，率一萬兵由閬中作援軍外，擔任作戰主力的，竟無蜀漢的宿將和名將，也缺乏出色的智謀人士輔征。大軍到了夷陵，大將黃權建議並自薦，先作前軍試戰，劉備也不同意，反任命他為鎮北將軍，在北邊防範南下的魏軍。

在戰爭的過程中，形勢丕變，但是戎馬生涯 40 年的劉備，無論戰略和戰術，都犯了嚴重的錯誤。戰略上，未能水陸並進，全力搏擊，速戰速決，一舉攻破，而陷於僵持狀態。這相對分據中游與下游擅於水戰的吳軍，甚為不利。戰術上，戰事竟拖延達年餘，以至軍懈兵怠。加上從巫峽到夷陵，長達數百里，臨江壁立，波濤洶湧，峰巒矗立，崎嶇茂林、幅地狹窄的複雜地形上，竟連營數十屯，首尾不相連，是嚴重的佈陣錯誤。這種不利的佈陣，不僅臨陣的陸遜洞悉，而遠在戰場千里以外的諸葛亮和曹丕，獲悉劉備的這種部署，都驚愕不已，以為犯了兵家大忌。[註2]

（註2）　帝（曹丕）聞（劉）備兵東下，與權交戰，樹柵連營七百餘里，謂群臣曰：「（劉）備不曉兵，豈有七百里營可以拒敵者乎！……此兵忌也。」（《三國志·魏書二·文帝紀》）亮歎曰：「法孝直若在，則能制主上，令不東行；就復東行，必不傾危矣。」（《三國志·蜀書七·法正傳》）

劉備輕視
孫吳陸遜

　　雖然一生戎馬，劉備的軍事才能，並不突出。這次征東之役，竟然如許的自信，似重蹈他在荊州以前，不重視戰略的弊病。或者由於赤壁之戰，領軍入蜀，攻滅劉璋，再取漢中，一連串的勝利，讓劉備過高估計了自己的軍事才能。但他忽略了以上一連串的軍事勝利，身邊有諸葛亮、龐統和法正等出色謀士的擘畫，有關羽、張飛、趙雲、馬超、黃忠，甚至魏延等一眾名將的衝鋒陷陣。在夷陵之戰，卻沒有名將宿將，也無出色的謀士隨從。這場戰役，也反映了劉備輕視孫吳的心態，更輕視了年輕的陸遜。論者說劉備之敗是「驕兵」的結果，是有道理的。[註3]

| 陸遜生平年表 |

年份（公元）	年齡	事件
183 年	1 歲	出生於吳郡吳縣。
203 年	21 歲	投入孫權旗下，擔任東西曹令史。
216 年	34 歲	平鄱陽民亂有功，升定威校尉。
219 年	37 歲	代替呂蒙擔任偏將軍右部督，協助呂蒙在關羽手中奪取荊州。
221 年	40 歲	於夷陵之戰大勝劉備，封輔國將軍、江陵侯。
228 年	47 歲	於石亭之戰大勝曹休。
229 年	48 歲	拜上大將軍，輔佐太子。
236 年	54 歲	參與北征，與諸葛瑾進攻襄陽。
244 年	62 歲	拜丞相，同年，因參與南魯黨爭遭孫權譴責。
245 年	63 歲	去世。

（註3）　馬植杰《三國史》

相對於蜀漢，孫權卻大膽起用年輕資歷不深的主帥陸遜，在這場戰役中，陸遜在戰略和戰術運用如神，終於憑「火燒連營」的戰術，大敗劉備，使「夷陵之戰」也成為中國戰史上一場著名的戰役。陸遜繼周瑜、魯肅及呂蒙之後，成為智勇雙全的孫吳軍事統帥，力挽孫吳於危難。

孫劉兩軍
水陸並峙

夷陵之戰簡單過程是這樣的。221 年七月，劉備率師四萬人伐吳，其先頭部隊很快打敗吳軍，佔領了自「荊州之戰」後歸屬孫吳管轄的巫縣和秭歸，劉備稍後也率軍進駐秭歸。222 年的二月，劉備率諸將自秭歸水陸並進，自長江南岸緣山截嶺，到達夷陵的猇亭。[註4] 捨舟登陸，以猇亭為大本營。並從巫峽到夷陵，沿岸「樹柵連營七百餘里」，屯營數十。劉軍的前鋒部隊也到了江南的夷道，包圍了把守夷道的吳大將孫垣。劉備再遣馬良越很山，到武陵源招納五溪蠻，從背後起兵反吳。孫權以陸遜為大都督，領兵五萬人，在猇亭和夷陵道的長江南北兩岸佈防，形成堵截的防線以拒敵。所以到了 222 年的二月，以長江的北岸夷陵和猇亭，江南的夷道形成了孫、劉兩軍對陣的攻防線，水陸並峙。

陸遜出身於吳縣四大家族的陸家，他在荊州之役，已露頭角。呂蒙死後，接替呂蒙為吳軍主帥。陸遜是一個有勇有謀的儒帥，能忍辱負重，有戰略思想，懂戰術。孫權從手下眾多的宿將和名將中，以較年輕而資格相對淺的陸遜，委以重任。印證之前孫權用魯肅和呂蒙為統帥，識人用人，尤其擅用智勇雙全的人為軍事統帥，作為一位領袖，孫權確有過人的知人之明，用人之量。相反，劉備卻低估了孫吳，看輕了陸遜，未從荊州之役的失敗作出檢討，從而了解陸遜的軍事才能，犯了不知彼的大忌。

（註4） 猇亭的位置，是在江之南還是江之北，至今學術界仍眾說紛紜，未有定說。以前多指是今日湖北宜都縣西北長江北岸，現另一些說法，更多的文獻、史志記載猇亭之戰後「備升馬鞍山」，具體位置在長江南岸長陽縣東部。

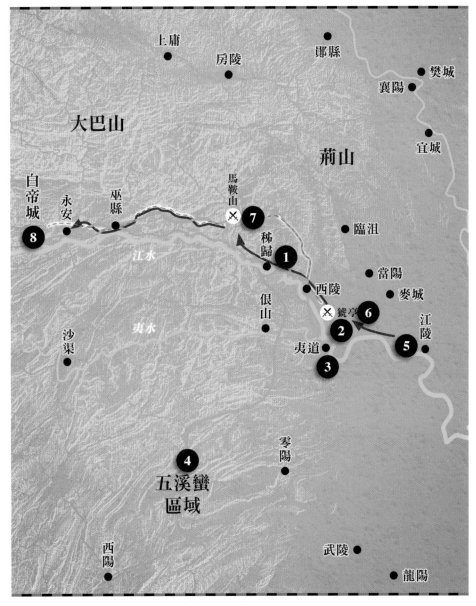

① 劉備率師四萬人，佔領了巫縣和秭歸，進駐秭歸。
② 劉備率諸將自秭歸水陸並進，自長江南岸緣山截嶺，到達夷陵的猇亭，捨舟登陸，以猇亭為大本營。
③ 劉軍的前鋒部隊包圍了守夷道的孫桓。
④ 馬良越佷山，到武陵源招納五溪蠻起兵反吳。
⑤ 吳國陸遜領兵由江陵出發，到達猇亭和夷道，兩岸成兩軍對陣的攻防線。
⑥ 陸遜發動火燒連營，斬劉軍督軍張南、馮習和胡王沙摩柯；劉軍潰敗不止。
⑦ 劉備退保馬鞍山。
⑧ 劉備退到秭歸，再逃歸白帝城。

· 白帝城遠眺

◎ 奉節白帝城 ◎

白帝城傳乃東漢公孫述所建，劉備退居後改名永安宮。在梅溪河口有八陣圖跡。白帝廟位於
白帝城山頂，一面傍山，三面環水，下臨是滔滔長江的夔門，形勢險要，是扼守三峽之門戶。
宮內多三國蜀人物塑像。歷代著名文學家李白、杜甫、劉禹錫、陸游等都曾在此流連，發思
古之幽情。其中李白的《早發白帝城》，最膾炙人口。「朝辭白帝彩雲間，千里江陵一日還。
兩岸猿聲啼不住，輕舟已過萬重山。」

火燒連營
致命一擊

　　夷陵是長江中下游的重要防線。陸遜在戰中，上疏孫權，報告軍情，就明確地指出：「夷陵要害，國之關限，雖為易得，亦復易失。失之，非徒損一郡之地，荊州可憂。」並說，「初嫌之（説劉備），水陸俱進，今反舍船就步，處處結營，察其佈置，必無他變。」甚至很自信，請孫權「高枕，不以為念也」。陸遜一生行事沉穩，不是喜吐大言的人，在戰役的緊要關頭，上疏孫權如此的表白。是對在以夷陵和夷道為防線的對峙中，劉備佈署「必無他變」的不靈活戰術，了然於胸，而有破敵的信心和破敵之計。

　　陸遜的戰略和戰術，一是以逸待勞。敢於捨棄巫山和秭歸的險地，也不求一時一地的得失，以避劉軍來勢洶洶的兵鋒。二是借助沿江崇山峻嶺的緣山行軍或者屯營，以地勢極為不利的環境，困扼劉軍，伺機反擊。終於等到了閏六月，滯阻半年的劉軍，困乏不堪，再是夏日炎炎的時候，陸遜突然發動諸軍以火俱攻，火燒連營，致使劉軍潰敗不止。吳軍斬殺了劉軍督軍張南、將軍馮習和胡王沙摩柯。漢軍舟楫器械，水步軍資，一時略盡，兵士死亡萬數。劉備退保馬鞍山（今湖北宜昌市西北 60 里），又為吳軍用火攻，四面圍迫，再損失了萬人。劉備狼狽不堪，乘夜遁走，僅以身免，退到秭歸，再逃歸白帝城（今四川奉節縣東）。聞劉備軍敗，趙雲急率軍從江州趕到，捍衛白帝城。陸遜率軍追到巫縣，怕曹丕乘機南下，戛然而止。

　　漢末三國，大小戰事頻仍，其中因一戰而改變大局的，劉蜀與孫吳的夷陵之戰也屬其中之一。夷陵之戰乃孫、劉荊州之戰的延續，是影響了三國局勢走向的關鍵性的戰役。劉蜀對孫吳的一敗再敗，自此失去了在隆中所制定的「跨有荊益」，一出秦川，一向宛洛，兩路北伐，「霸業可成，漢室可興」的戰略。

三國時長江三峽軍事形勢

長江三峽，是中國著名的旅遊景點，三峽東口的三峽大壩葛洲壩又是世界聞名的偉大的現代水利工程，享譽世界。在冷兵器時代，甚至到了二十世紀前半，長江號為「天險」。三峽更是長江交通和軍事上「天險中的天險」。長江三峽，不僅是吳蜀夷陵之戰的戰場，在整個三國時期，也一直是重要的軍事戰線。

以「三峽」為地名的，大概始於三國魏晉時期。所謂三峽，是指長江上游尾段的三個河谷，分別是：瞿塘峽、巫峽和西陵峽，全長是 93 公里。三峽西邊，由今日四川省奉節的白帝城開始，稱瞿塘峽。這裏古代屬巴東郡，所以又稱巴東峽。瞿塘峽順流東向，是巫峽，巫峽位於巫山，因以得名。戰國時楚國設立巫山郡，秦朝改為巫縣。出了巫峽，往東是西陵峽。西陵峽又稱巴峽，西自官渡口，東達今湖北宜昌的南津關。由於三峽是處於中國大地形的第二階梯向第三階梯的過渡地段，落差巨大，水流劈山鑿石，而形成了雄偉的瞿塘峽、幽深秀麗的巫峽及灘多流急的西陵峽。三峽都是兩岸群山矗立，峭壁懸崖，峽谷斷谷，壁削千仞，一水中流，為崇山削壁所束，水面深而窄，且迂迴曲折，險灘滿佈。流水最狹窄處，不足百米，但湍流如萬馬奔騰。出了西陵峽東口，是開寬的江漢平原，原屬楚地。

三峽除了山高、壁峭、崖懸、水急及灘險外，關於三峽也有不少神話和歷史，及不少附會沿江的山川形勝的傳說，繪形繪聲，更為三峽增添了豐富而神秘的人文色彩。

無論交通和軍事，長江三峽也很重要。因為長江上游是一個盆地，周圍每個方向都是崇山峻嶺，只剩下經三峽東向，才有往來孔道。所以出入成都與重慶順流到湖北，必須經三峽。商周時期的三峽地區，已有邦國和部落。春秋戰國時期三峽的政治地理，起了大變化，楚國加強了對三峽地區的拓展和控制。秦朝統一中國，滅了蜀、巴和楚國，在三峽地區置巴郡等。漢武帝時三峽分屬益州的巴郡和荊州的南郡。東漢光武帝劉秀時期，割據巴蜀而稱帝的公孫述，佔有整個三峽地區。在建元十一年，漢光武帝派岑彭和吳漢率軍征伐公孫述，溯流而上，下夷陵，破秭歸，入江關（今奉節）；次年再克江洲（今重慶），攻入成都，三峽便歸東漢版圖。

　　三國時期，三峽地區分屬吳、蜀兩國。蜀佔有巴東、涪陵及巴郡；吳據有荊州之宜都郡和建平郡。公元 263 年，蜀亡，巴東、涪陵和巴郡歸魏，280 年西晉滅吳，建平和宜都兩郡盡歸晉版圖。

｜ 三國時期三峽軍事表 ｜

地名	甲方	乙方	戰役
永安 （今四川奉節）	羅憲	盛憲、步協、陸抗	吳攻伐蜀　（公元 263 年）
巫 （今四川巫山）	劉備	陸議、李異、劉阿	夷陵之戰　（公元 222 年）
西陵／夷陵 （今湖北宜昌）	曹仁	甘寧、步臧、步闡	赤壁之戰　（公元 208 年）
	劉備、吳班、馮習、黃權、馬良、沙摩柯	陸遜、朱然、韓當、潘璋、諸葛瑾、孫桓	夷陵之戰　（公元 222 年）
	步闡、楊肇、徐胤、羊祜	陸抗	西陵之戰　（公元 272 年）
	王濬、唐彬	留憲、成璩、鄭廣	吳滅蜀之戰（公元 280 年）
江陵 （今湖北荊州市）	曹操、曹仁、樂進、文聘	孫權、劉備、周瑜、程普、關羽	赤壁之戰　（公元 208 年）
	曹真、張郃、夏侯尚	諸葛瑾、朱然、徐盛	江陵之戰　（公元 223 年）
	杜預	王延	吳滅蜀之戰（公元 280 年）
夏口 （今湖北武昌）	孫權、凌統	劉表、黃祖	夏口之戰　（公元 203 年）
	孫權、周瑜、呂蒙、凌統	劉表、黃祖、陳就、張碩	江夏之戰　（公元 208 年）
	王浚	吳軍	吳滅蜀之戰（公元 280 年）

· 三峽棧道

三峽棧道全長 60 公里，從奉節瞿塘峽段河東岸起，至巫山大溪村狀元堆止 10 公里。棧道指山間上鑿孔架橋，連接閣亭的人造的山路。

| 長江三峽古地圖 |

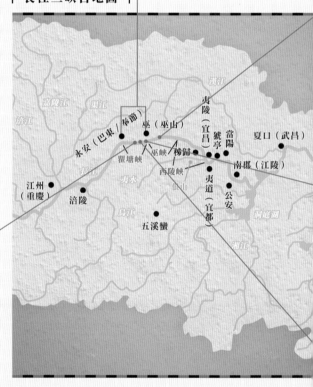

· 白帝城

· 巫峽風光

· 走進瞿塘峽

· 夔門風箱峽

· 猇亭古戰場

近二千年前的古戰場，基本保留原始狀態。由此亦可見猇亭一帶地狹山峻，甚少可供後世開發的空間，才能保留原樣，甚為難得。

· 猇亭古戰場遺址

· 西陵峽東張飛塑像

赤壁之戰後，張飛任宜都太守，扼守西陵要塞。時在此山崗上，擂鼓訓練士兵。

· 三峽東入口

這是西陵峽的東入口。西陵峽是長江三峽最東邊的峽谷，過了
此處就進入了江漢平原。是中國第二、三級階梯的重要分界線。
三峽以灘水險見稱，西陵峽尤甚，所謂「西陵灘如竹節稠，灘
灘都是鬼見愁」。西陵峽有大小灘險 20 餘處，平均三公里就有
一處。秭歸、巴東兩個縣城，分別位於寬谷的兩端。

· 劉封城遺址

· 楚塞樓
楚塞樓位於三遊洞山頂，是後代修建的名勝。登樓四望，西可見葛洲壩雄姿，東眺可睹西陵峽的氣勢。

·三遊洞

在南津關西陵山上。地勢險峻，位於峭壁之腹，下臨深谷，有蜿蜒洞穴。在山頂可覽南津關長江上中游壯麗的景色。是歷代文人遊興之地。白居易與弟白行簡在夷陵與元稹相遇，1056 年蘇洵、蘇軾和蘇轍三父子由眉州到京開封應試，陸游經三峽等，都留下了遊跡和文學作品。

·三遊洞軍壘圖

古軍壘位於三遊洞後山，東臨峽口，南臨大江。據考古所得，此古軍壘建於東漢，延用到六朝。可見在三國，據夷陵者，必以此為軍壘要地。

· 石牌關

石牌因江邊兀立的巨石而得名，長江在此處右轉110度，為天然戰爭天塹，是歷代兵家必爭之地。

❀ 西陵峽 ❀

巫峽向東是重慶與湖北分界的三溪河，再往東面進入香溪寬谷，又稱秭歸寬谷，巴東和秭歸兩縣分別位於寬谷兩端。過了香溪河主入西陵峽的首段，便是兵書寶劍峽，再過著名險灘15公里就是牛肝馬肺峽。出了牛肝馬肺峽，是崆嶺灘，亦是古代建平郡和宜都郡的分界處，崆嶺峽因崆嶺灘險灘而著名。再往前就是宜昌市的黃牛岩與黃陵廟。西陵峽東端是燈影峽和黃貓峽，再過是南津關，是西陵峽的東口，三峽的終點。咆哮奔騰的長江流出南津關由東急轉南作90度大轉彎。從此江面寬闊，高山峽谷變成丘陵峽谷，江流從關口70餘米傾瀉，到長江中下游的平原通海。

· 黃陵廟

黃陵廟在西陵峽南岸，據說是孔明入川拜黃陵廟，為紀念大禹治水功德而重新修建的。今傳世說是諸葛亮撰的《黃陵廟紀》，恐乃出於南宋到明的偽託之文。（參考諸葛亮《諸葛亮集》）

· 白帝城眺江
兩岸猿聲啼不住，
輕舟已過萬重山。

· 從白帝城俯瞰瞿塘峽夔門

武陵源與五溪蠻

漢魏以來，在今湖南常德以西到湖北的西南、四川的東南及貴州東部的地區，為武陵郡。居住的大多屬少數民族，主要分佈在五條大的溪河，歷史上被稱為「武陵蠻」，或稱為「五溪蠻」。至於是哪五溪？歷來眾說紛紜，莫衷一是。武陵源至今仍是中國少數民族居住的地方，已有 2000 年以上的歷史。主要民族是苗族、土家族、白族及侗族等，也有漢族。武陵地處張家界城區北部，即今湖南西北部的武陵山脈，以武陵山、武陵郡及桃花源而著名。

東漢時期，武陵五溪蠻以充縣（今湖南張家界市桑植縣）為根據地，南下酉河，發展至沅水下游至澧水流域；向北已抵達夷道（今湖北宜都西北）和江陵（今湖北江陵），向南至舞陽（今湖南黔陽西）、武岡（今湖南武岡市），抵達桂陽郡。東漢以來，山陵地帶的蠻夷和山越，叛服不常。劉表牧荊州前，荊州的治所在常德附近的漢壽。五溪蠻與東吳積怨甚深，東吳將領黃蓋曾征伐武陵五溪渠帥，斬首數百人，後由沙摩柯擔任部族精（首領）。東吳奪得荊州，兼有武陵，五溪蠻仍時常叛亂，孫權曾派潘浚領兵討平。夷陵之戰，劉備委派馬良過佷山，前往序溪（今湖南漵浦）招撫五溪蠻。劉備兵敗，沙摩柯被殺，五溪蠻仍時常叛亂，並遭孫吳派兵鎮壓。到三國的後期，武陵五溪成為吳和魏晉接界之地，亦是必爭之地。

現在人們熟悉的常德桃花源、張家界的武陵源、湘西的鳳凰、天門山和芙蓉鎮等著名的觀光景點，都屬大武陵的範圍。

· 武陵源景區

· 天門山

天門山古稱嵩梁山，三國吳永安六年（263年），峭壁洞開，玄朗如門，形成迄今的景觀，稱為天門洞。吳主孫休認為是吉兆，遂易嵩梁山為天門山。

· 武陵天門村寨夜景

· 張家界遠眺

· 飛水寨

公元 910 年，彭士愁在此建立土司王朝，修建酉陽宮。此為彭氏歷代土司王避暑納涼的行宮，又稱飛水寨。酉陽宮飛檐翹角，古色古香。宮前溪水長流，側面便是雙層大瀑布，近觀瀑布似九天銀河，飛瀑直瀉，震耳欲聾，氣勢恢宏。

· 煮茶傳統

矗立在酉河山崖上的芙蓉鎮，仍保留着煮茶圍聚的傳統。

· 芙蓉鎮

歷代土司王朝以芙蓉鎮為貿易中心，利用山川隔絕的形勢，管治溪州境內。尤以彭氏土司王朝的統治權延續到清末，歷經800餘年。著名文學家沈從文的《邊城》及電影《芙蓉鎮》生動地描述這個千年的古鎮。整座古鎮特色是鱗次櫛比的吊腳樓依山地而建，從酉水北岸的碼頭，蜿蜒而上二點五公里。

·行走在酉河上的小船

從酉水碼頭出發，小船運載貨物及人橫越酉河，絡繹不絕。千年歲月，或有些改變。但至今山川風貌、風俗世情依稀如舊，三國情景，尚可想像。

天泉客栈

·江南處處詩情畫意，令人沉醉。

參考書目

┃ 一、古籍

陳壽《三國志》

范曄《後漢書》

李白〈蜀道難〉

祝穆《方輿勝覽》

陸游〈鹿頭山·過龐士元墓〉

羅貫中《三國演義》

王夫之《讀通鑑論》

章太炎《訄書》

┃ 二、近人論著

金文京著、何曉毅、梁蕾譯：《三國志的世界：後漢三國時代》（廣西：廣西師範大學出版社，2014 年）

李孝聰：《中國區域歷史地理》（北京：北京大學出版社，2004 年）

馬植杰：《三國史》（北京：人民出版社，1993 年）

許倬雲：《歷史分光鏡》（上海：上海文藝出版社，1998 年）

錢穆：《國史大綱》（香港：商務印書館，1989 年）

吳懷東：《三曹與魏晉文學研究》（合肥：安徽文藝出版社，2011 年）

楊華：〈三國夷陵之戰後「備升馬鞍山」的地理位置考〉，《四川師範大學學報（社會科學版）》，第 34 期，2007 年，頁 120-126。

劉煒：《図説三国志の世界》（東京：大修館書店，2001 年）

丸橋充拓：《江南の発展：南宋まで》（日本，岩波新書，2020 年）

陳文巖：〈三國印象〉，《美術家》（第七期，2020 年）

王子今：〈東漢的「學習型社會」〉，《讀書》，第一期，2010 年。

劉東成：〈安平東漢墓壁畫發掘簡報〉，《文物春秋》，1989 年，頁 70-77。

三國傳真

曹孫劉三強鼎立與對峙

第三冊

編著 ——

陳萬雄

監　　製：黃景強
編著助理：李鈞杰、劉集民
責任編輯：林雪伶
裝幀設計：Sands Design Workshop
繪　　圖：劉集民、Sands Design Workshop

出版
商務印書館(香港)有限公司
香港筲箕灣耀興道 3 號東匯廣場 8 樓
http://www.commercialpress.com.hk

發行
香港聯合書刊物流有限公司
香港新界荃灣德士古道 220-248 號荃灣工業中心 16 樓

印刷
美雅印刷製本有限公司
香港九龍觀塘榮業街六號四樓 A 室

版次
2021 年 7 月第 1 版第 1 次印刷
©2021 商務印書館(香港)有限公司

ISBN 978 962 07 5889 8